Lecturas básicas:
A Cultural Reader

Lecturas básicas:
A Cultural Reader

Modesto M. Díaz
California State University, Fullerton

Holt, Rinehart and Winston
New York   San Francisco   Toronto   London

ILLUSTRATION CREDITS

Rogers/Monkmeyer: *page* viii, 33
Courtesy Mexican Embassy: 6
Halperin/Monkmeyer: 12
Helena Kolda: 34
Kolda/Monkmeyer: 42, 57
HRW: 59

Library of Congress Cataloging in Publication Data

Díaz, Modesto M. 1937–

Lecturas básicas.

1. Spanish language–Readers. I. Title.

PC4117.D5   468'.6'421   75-25853

ISBN 0-03-012801-3

Contents

Preface   *vii*

1   Diversidad y unidad en el mundo hispánico   1

2   Individualismo hispánico   7

3   Otras características hispánicas   13

4   Presencia hispánica en los Estados Unidos   19

5   La estratificación social   25

6   Machismo y marianismo   35

7   La revolución de la sueca   43

8   Vuelva usted mañana   49

9   Viva la vida: las fiestas   59

10 Voces del mañana   67

Vocabulary   73

Preface

Lecturas Básicas: A Cultural Reader is designed for those students who have had one semester of college Spanish or one year of high school Spanish. It is intended to accompany Holt's: *¿Habla español? An Introductory Course*, but may be used in conjunction with any other basic grammar book. The author has tried to limit the complexity of the grammatical structures and the length of the vocabulary so that the student can begin to understand and enjoy not only the language but the culture of the Hispanic people. At the end of each chapter there are a series of exercises to encourage the student's vocabulary development and a set of comprehensive questions.

This book is only an elementary approach to the study of the way Spanish people think and act. However, the author has made every effort to point out those traits and characteristics that are most important and outstanding.

Diversidad y unidad en el mundo hispánico

Por desgracia, cuando pensamos en la gente de un país extranjero nos viene a la mente la imagen que nos presentan los modernos medios de comunicación.
5 Muchas veces, cuando alguien de los Estados Unidos imagina a una persona hispana, piensa en un amante latino, en un bandido de grandes bigotes o en una señorita vestida de flamenco bailando con
10 una flor en la boca. Hasta hace poco, por ejemplo, podíamos ver en la televisión los anuncios en que aparecía el *frito bandido*. Pero todas estas imágenes, basadas en generalizaciones y estereotipos, no repre-
15 sentan la verdadera forma de ser hispánica.

Hoy en día, sin embargo, gracias a los estudios sociales, especialmente a los de la antropología cultural, podemos obtener
20 una imagen más exacta de las personas de otras naciones.

Además, al mismo tiempo que los estadounidenses se dan cuenta del papel relativo y cambiante de su nación en el mun-
25 do, hay un nuevo interés en la cultura de otros países. Jóvenes y mayores leen,

Por desgracia *unfortunately*
país extranjero *foreign country*

alguien *someone*

amante *lover*
bigotes *moustache*

Hasta hace poco *Until very recently*
podíamos *we could*
anuncios *advertisements*
aparecía *appeared*

forma de ser *way of being*

Hoy en día *nowadays*
sin embargo *nevertheless*

Además *besides*
se dan cuenta *realize*
papel *role*
Jóvenes y mayores *Young and old (people)*

viajan y entran en contacto con formas de vivir que antes ignoraban. Ya no aceptan aquellas imágenes que nos presentan algunos directores de cine o escritores de
5 revistas baratas. Ahora saben apreciar mucho mejor la cultura de aquellas personas que viven en los Estados Unidos pero son de origen extranjero, o de aquellos ciudadanos que mantienen, o tratan
10 de mantener, las tradiciones culturales de sus antepasados.

Según las últimas estadísticas del censo federal de 1970, viven en los Estados Unidos más de nueve millones de personas
15 de origen hispano. En California, por ejemplo, hay más de tres millones de personas de origen hispano (16 por ciento del total del estado); en Texas hay más de dos millones (18 por ciento del total).
20 En la ciudad de Los Ángeles y sus alrededores viven más de un millón de personas de origen mexicano. (Sólo la capital de México y la ciudad de Guadalajara exceden esta cifra.) En la ciudad de Nueva
25 York habitan más puertorriqueños que en San Juan, la capital de Puerto Rico. Un cuarenta por ciento de los habitantes de Miami son de origen cubano.

Ahora podemos preguntarnos: ¿qué
30 tiene en común toda esa gente con el resto de los ciento cincuenta millones de personas de habla española? ¿Existe una forma de ser que identifica a todos como miembros de un grupo humano?
35 Todos sabemos que es peligroso hacer generalizaciones, especialmente si hablamos de un grupo tan diverso como es el de personas de origen hispano. Un español

Ya no *no longer*

algunos *some*
revistas baratas *cheap magazines*

antepasados *ancestors*
según *according to*

alrededores *surroundings*

miembro *member*
peligroso *dangerous*

2

de Madrid es diferente a un argentino de
Buenos Aires; un electricista de la ciudad
de México piensa y trabaja de modo diferente a uno de Quito. El José García de la
5 avenida Whittier de Los Ángeles no actúa
como el Pedro Martínez que vive unas
cuadras más al norte. No todos somos
iguales . . . por suerte.

De todos modos, no hay duda que
10 entre ellos existe una personalidad cultural que los hermana y los distingue de
individuos procedentes de otros grupos
étnicos. Hay una serie de características
comunes que se pueden apreciar en la his-
15 toria de España y de Hispanoamérica, y
también en el modo de ser de la persona
de origen hispano.

En Hispanoamérica son muchos los factores que, a pesar de la influencia india
20 y negra, determinan una dirección psicológica de fuertes tonos hispánicos. Entre
otros, tenemos los siguientes factores
decisivos: la imposición a los indígenas de
un modo de ver las cosas, la presencia de
25 una iglesia poderosa y dominante, el tremendo abismo social entre las clases, la
arrogancia aristocrática de los de arriba y
la sumisión apática de los de abajo, y
también la lenta revolución industrial.
30 En el próximo capítulo vamos a ver
cuáles son las características fundamen-
tales de este modo de ser.

por suerte *fortunately, luckily*
de todos modos *anyway*
no hay duda *there is no doubt*
hermana *joins, unites*

a pesar de *in spite of*

de los de arriba *of those above*
de los de abajo *of those below*
próximo *next*

modo de ser *way of being*

EJERCICIOS

I

A. *Choose the word that does not belong in each of the following groups.*

1. televisión / país / cine
2. idea / imagen / amante
3. fuerte / poderosa / extranjero
4. vivir / pensar / imaginar
5. cultura / ciudad / país

B. *Choose the two words that are opposite in meaning in each of the following groups.*

1. españoles / jóvenes / mayores
2. diferentes / gentes / iguales
3. arriba / abajo / hoy
4. saber / leer / ignorar
5. anuncios / muchos / pocos

II

*Write the **-ar** verb that corresponds to each of the following nouns.*

1. el estudio: _____
2. la imagen: _____
3. el habla: _____
4. el habitante: _____
5. la ignorancia: _____

III

According to the text, which of the following statements are true?

1. La imagen del "amante latino" es producto de generalizaciones.
2. Gracias a la antropología cultural podemos obtener una idea clara de otras culturas.
3. En la ciudad de Guadalajara (México) hay más personas que hablan español que en Los Ángeles.

4. Los modos de ser de las personas de España y de Hispanoamérica son similares.
5. Según las últimas estadísticas del censo federal de 1970, en los Estados Unidos viven más de nueve millones de personas de origen mexicano.
6. Todas las personas de origen hispano piensan, trabajan y actúan de la misma manera.
7. A pesar de la influencia india y negra, existen en Hispanoamérica factores que determinan allí una dirección psicológica de fuertes tonos hispánicos.

IV

Answer in Spanish.

1. ¿Cómo imagina usted a una persona hispana?
2. ¿Representa el "frito bandido" un estereotipo del español o del mexicano?
3. ¿Hay hoy día más interés en la cultura de otros países?
4. ¿Viajan ahora los jóvenes más o menos que antes?
5. ¿Cuántas personas de origen hispano viven en los Estados Unidos?
6. ¿En qué estado hay más de tres millones de hispanos?
7. ¿Hay muchas personas de origen cubano en Miami? ¿Cuántas?
8. ¿En qué otros lugares de los Estados Unidos hay mucha gente hispánica?
9. ¿Es el grupo hispano un grupo homogéneo o diverso?
10. Además de la influencia española, ¿qué otras influencias observamos en Hispanoamérica?

Campesino mexicano

Individualismo hispánico

Probablemente una de las características más importantes del hispano es su individualidad. Para entender a un hispano primero debemos entender y respetar su
5 individualismo. De esta característica fundamental derivan otros aspectos personales y sociales que podemos apreciar solamente después de comprender ese individualismo.

solamente (sólo) *only*

10 Hay muchos estudios sobre el individualismo hispano. Desde la antigüedad hasta el presente, este individualismo llama la atención de los historiadores cuando tratan de explicar la gran resis-
15 tencia de los españoles contra las invasiones de otras naciones. Por ejemplo, durante la dominación romana que comienza en el año 218 antes de Jesucristo, los romanos encuentran que hay en España
20 casi mil tribus indígenas independientes. Por el contrario, en Francia hay menos de setenta tribus en la misma época. Por eso, mientras la lucha en la Galia dura sólo unos diez años, los romanos necesi-
25 tan doscientos años para conquistar la Península Ibérica.

tratan de *try to*

por el contrario *on the contrary*
por eso *for that reason*
dura *lasts*
sólo (solamente) *only*

Además de ese aparente temperamento innato de los primeros habitantes hispánicos, la presencia del catolicismo tiene importancia en la reafirmación del espíritu
5 independiente de los españoles. Desde tiempos remotos las doctrinas de la Iglesia promulgan la idea de que el alma de una persona es imagen idéntica de un Ser Supremo. Así, ante Dios, el humilde cam-
10 pesino vale tanto como el hombre más poderoso. En una obra teatral del siglo XVII, El alcalde de Zalamea, el famoso dramaturgo Calderón de la Barca escribe:

Al rey, la hacienda y la vida
15 se han de dar, mas el honor
es patrimonio del alma,
y el alma sólo es de Dios.

Esta idea de la igualdad espiritual de los seres humanos llega al Nuevo Mundo con
20 los primeros colonizadores. En el año 1500 la reina Isabel de Castilla establece que los indios son seres libres y súbditos de España. Desgraciadamente, la distancia y las debilidades humanas de algunos
25 colonizadores dificultan el cumplimiento de ese edicto. De todas maneras, el carácter individualista del español llega a América, y pasa a formar parte de la personalidad hispanoamericana.

30 Tanto en la Península como en el Nuevo Mundo observamos una tendencia a valorar más a aquellas entidades sociales que están más próximas al individuo. En su escala de valoración el hispano sitúa,
35 en primer lugar, a la familia; en segundo lugar, a los amigos; luego viene la ciudad natal; a continuación, la provincia o región, y en último lugar, la nación y el

además (de) *besides*

así *thus, so*
campesino *peasant*
vale tanto como *is worth as much as*
dramaturgo *dramatist*

Al rey . . . de Dios *To the king, one has to give his estate and his life. But honor is part of the soul and the soul belongs to God.*

súbditos *subjects*
desgraciadamente *unfortunately*
debilidades *weaknesses*
dificultan el cumplimiento *make difficult the fulfillment*
de todas maneras *anyway*

tanto . . . como *in the Peninsula as well as*

escala de valoración *scale of values*

estado. Estos dos últimos conceptos son impersonales y colectivos para el hispano.

Esta escala de valores sociales explica la dificultad que experimentan los his-
5 panos en unirse a cualquier grupo o en sacrificar sus deseos a las demandas de las masas. Las exigencias parlamentarias y disciplinarias de un comité o de una junta oprimen al hispano con las limitaciones
10 que ponen a su expresión individual y personal.

experimentan *experience*

Si aceptamos algunas simplificaciones podemos, igualmente, explicar los fracasos democráticos por la falta del sentido
15 asociativo en culturas como la hispana. La sumisión colectiva a un partido electo requiere del hispano una parte de su ser que él no está dispuesto a ceder. En lugar de aceptar la voluntad del grupo, el his-
20 pano generalmente trata de imponerle sus ideas personales y subjetivas. Muchas veces el éxito de un gobierno o de un partido depende de las cualidades personales del presidente o del jefe. Cuanto más ener-
25 gía, virilidad, magnetismo y buena apariencia tiene el jefe político, más apoyo y confianza recibe.

fracasos democráticos
failures of democracy
falta de sentido asociativo *lack of associative feeling*

no está dispuesto a ceder *is not willing to give up*
en lugar de aceptar *instead of accepting*
éxito *success*

cuanto más . . . , más *the more . . . , the more*

En muchos casos el hispano cree que su voto no tiene mucha importancia y que
30 los resultados de una elección son determinados de antemano. Esto explica su apatía política. Si manifiesta alguna esperanza y vota, poco tiempo después un golpe de estado o un pronunciamiento
35 militar destruye su precaria ilusión.

de antemano *beforehand*

poco tiempo después *a short time after*
golpe de estado *coup d'état*

En el capítulo que sigue vamos a considerar otras características del individualismo hispánico.

EJERCICIOS

I

A. *Choose the word that does not belong in each of the following groups.*

1. entender / comprender / ser
2. persona / año / individuo
3. familia / energía / tribu
4. hacienda / espíritu / alma
5. igualdad / provincia / región

B. *Choose the two words that are opposite in meaning in each of the following groups.*

1. de antemano / resistencia / después
2. campesino / iglesia / ciudadano
3. social / individual / colectivo
4. sumisión / exigencia / independencia
5. idéntico / fracaso / éxito

II

Write an adjective that corresponds to each of the following nouns.

1. el teatro: _____
2. el individualismo: _____
3. la persona: _____
4. la nación: _____
5. el espíritu: _____

III

According to the text, which of the following statements are true?

1. Para entender a una persona hispánica es necesario apreciar su individualismo.
2. Los romanos necesitan más tiempo en conquistar la Galia que en conquistar la Península Ibérica.
3. Según la reina Isabel de Castilla los indios son de los colonizadores.

4. Para el hispano es más importante el amigo que el estado.
5. El catolicismo tiene importancia en la reafirmación del espíritu independiente del español.
6. Muchas veces los hispanos no creen en el proceso democrático y esto explica su apatía política.

IV

Answer in Spanish.

1. ¿Cuál es una de las características más importantes del hispano?
2. ¿Cuántas tribus hay en España durante la época de los romanos? ¿Y en Francia?
3. ¿Cuántos años luchan los romanos en la Galia? ¿Y en la Península Ibérica?
4. ¿Es importante el catolicismo en el desarrollo del individualismo hispano?
5. Según la iglesia, ¿ante quién somos todos iguales?
6. ¿Quién es Calderón de la Barca?
7. ¿Quiénes traen a América la idea de la igualdad espiritual?
8. ¿Qué establece la reina Isabel en el año 1500?
9. ¿Qué valora más el hispano: la familia o el estado?

Cádiz, España

3

Otras características hispánicas

Las relaciones personales, insistimos una
vez más, tienen mucha importancia para
los hispanos.

En el gobierno y en las decisiones
5 familiares el padre ocupa un lugar importante. En general, él constituye la base
más sólida de la familia y de él depende el
resto de esa unidad social básica. En la
mayoría de los estudios sobre este tema
10 no se niega el carácter patriarcal de las
sociedades hispánicas. Muchas veces, sin
embargo, la mujer hispana controla directa o indirectamente las labores domésticas y las decisiones últimas de la casa.
15 Por lo tanto, el área de poder del padre
o de la madre hispana no es siempre muy
clara. La preponderancia paterna no es
igual en todos los países. Depende de
varios factores, en especial del nivel eco-
20 nómico, social o cultural de la familia.

En cuanto a la educación de los hijos,
podemos afirmar que es relativamente
estricta. Por ejemplo, es más rígida que
en los Estados Unidos. Muchas veces los
25 extranjeros encuentran inflexibles y exageradas las demandas de los padres his-

mayoría *majority*
se niega *(reflex. v.)*
    present of negarse,
    to be denied
sin embargo *however*

por lo tanto *therefore*

preponderancia *(f)*
    preponderance
nivel *(m) level*

en cuanto a la educación
    as for the upbringing

extranjero *(adj & n)*
    foreigner

panos. Pero junto a esa inflexibilidad existe la tendencia a mimar demasiado a los niños. Esta debilidad se justifica por la creencia hispana de que la vida ya nos
5 hace viejos con el tiempo. Por esa razón los niños no aprenden muy temprano las reglas y responsabilidades que en otras sociedades conocen y practican desde pequeños. Pero poco a poco estos niños
10 reciben unos principios claros, definidos y estrictos. El respeto hacia los mayores es grande y se manifiesta de diversas maneras. Por ejemplo, muy raramente escuchamos a los hijos levantar la voz
15 contra sus padres, o verlos fumar en presencia de personas mayores, o volver a la casa muy tarde y solos (especialmente en el caso de las hijas). También estas costumbres dependen de varios factores y
20 actualmente están cambiando en todas partes pero en especial en las grandes ciudades.

Si por la familia el hispano se saca el pan de la boca, por el amigo es capaz de
25 dar su propia vida. El hispano ve a su familia como una prolongación de su ser. De manera similar, sus amigos constituyen una prolongación de su familia. El respeto mutuo y la unión espiritual que existen
30 entre él, su familia y sus amigos perduran toda la vida por encima de cuestiones legales, normas éticas o convicciones políticas. Alguien ha dicho que la amistad —o compadraje, como se le llama en varios
35 países hispanos—es el alimento del alma y que sin ella el hispano no podría serlo. Estas palabras pueden parecer exageradas pero hay mucha verdad en ellas.

junto a *together with*
mimar *to spoil (a child or a pet)*
debilidad (f) *weakness*
se justifica *is justified*
creencia (f) *belief*
ya nos hace viejos *is already making us old*
desde pequeños *from childhood*
poco a poco *little by little*
hacia los mayores *(toward) adults*
se manifiesta *is shown*

actualmente *nowadays*
están cambiando *are changing*

se saca el pan de la boca *takes the food out of his own mouth*
capaz *capable*
propia *own*

perduran *last; remain*
por encima de *over*
alguien *someone*
ha dicho *(pres perfect of* decir*) has said*
amistad (f) *friendship*
compadraje (m) *relationship between a child's parents and the godfather; friendship*
se le llama *it is called*
podría *(conditional of* poder*) could*

Otro elemento importante del carácter hispano es la generosidad. La generosidad hacia la familia y hacia el amigo también se extiende hacia la persona desconocida
5 o cualquier otra persona necesitada. Por ejemplo, casi siempre la gente—rica o pobre—de una ciudad o pueblo hispano hace lo imposible por complacer y ayudar a un extranjero, sin esperar nada a cambio.
10 Esta generosidad se duplica si el extranjero es algún pariente o amigo. Es costumbre del hispano, y es parte de su forma de ser, complacer a los amigos y ayudarlos cuando necesitan ayuda. Estos favores
15 son espontáneos y desinteresados. La satisfacción de complacer al amigo es la mejor retribución posible. La generosidad es mutua y el amigo que hoy da está seguro que mañana va a recibir y vice-
20 versa.

Sin embargo, esta generosidad casi no existe en el mundo de los negocios. El ser hispano se rebela contra todo lo que limita su individualismo. Por ejemplo, no
25 le gusta la puntualidad porque constituye una limitación a su libertad personal.

Si en los Estados Unidos la eficacia y la prontitud son fórmulas básicas para el buen éxito, en el mundo hispánico representan
30 imposiciones. Pero esta actitud está cambiando en las ciudades. Por otra parte, en los pueblos pequeños y en las zonas rurales todavía no existen estos principios de productividad.
35 Otra característica importante del hispano es su emotividad, su necesidad de expresarse emocionalmente que a veces puede ser interpretada como arrogancia.

se extiende hacia *is extended to*
persona necesitada *needy person*

complacer *to please*
a cambio *in exchange*
se duplica *it is doubled*
algún pariente *a (some) relative*

mejor *best*

mundo de los negocios *business world*
se rebela *rebels*
todo lo que *everything that*
no le gusta *(he, she) doesn't like*

por otra parte *on the other hand*
todavía *still, not yet*

puede ser interpretada *can be interpreted*

Muchos dicen que el hispano habla o actúa y después piensa. Es muy probable. Pero, a la vez, dice lo que siente, sin esconder sus verdaderos sentimientos o
5 emociones. Si con su sinceridad pierde algún amigo, mejor, porque no merecen llamarse amigos los que no practican la honestidad mutua.

Entre las características hispánicas más
10 notables, otras muy comunes son: la religiosidad, el estoicismo, el gusto por la belleza, la afición a juegos de azar, la poca disposición al ahorro, el apego a las tradiciones y al pasado, el interés en la
15 conversación.

Estas características son, en general, comunes a todos los hispanos pero varían de grado en los distintos países de habla española.

a la vez *at the same time*
lo que siente *what he (she) feels*
sin esconder *without hiding*
mejor *(so much the) better*
merecen *deserve*
gusto *(m) pleasure*
afición a juegos de azar *inclination to games of chance*
poca disposición al ahorro *indisposition toward savings*
apego *(m) attachment*

varían de grado *they vary in degree*

EJERCICIOS

I

A. *Choose the word that does not belong in each of the following groups.*

1. padre / creencia / madre
2. pequeño / noche / mañana
3. patriarcal / practican / padre
4. directamente / para / de
5. pensar / necesitar / creer

B. *Choose the two words that are opposite in meaning in each of the following groups.*

1. viejo / joven / compadraje
2. dejar / buscar / esconder
3. necesitado / estricto / rico
4. generoso / desinteresado / norma
5. poder / nivel / debilidad

II

Write a noun that corresponds to each of the following verbs.

1. ayudar   _____
2. limitar   _____
3. decidir   _____
4. sentir   _____
5. creer   _____

III

According to the text, which of the following statements are true?

1. La familia hispánica es de carácter matriarcal.
2. La preponderancia paterna varía, generalmente, según el nivel económico, social o cultural de la familia.
3. Por un amigo el hispano es capaz de dar su propia vida.

4. Si una persona hispana le invita a usted a tomar algo, espera recibir algo a cambio.
5. El hispano prefiere esconder sus verdaderos sentimientos.
6. Las relaciones personales no tienen mucha importancia para los hispanos.
7. En los países hispanos la eficacia y la prontitud son fórmulas básicas para el buen éxito.

IV

Answer in Spanish.

1. ¿Ocupa el padre un lugar importante en la familia hispana?
2. ¿Quién controla generalmente las labores domésticas?
3. ¿Son los padres norteamericanos más rígidos con sus hijos que los padres hispanos?
4. ¿Es costumbre de los jóvenes hispanos fumar en presencia de sus padres?
5. Para el hispano, ¿es importante la familia? ¿Y la amistad?
6. En general, ¿son generosos los hispanos con los extranjeros?
7. ¿Le gusta al hispano la puntualidad? ¿Por qué?
8. ¿Cuáles son las dos fórmulas básicas del éxito norteamericano?
9. ¿Es el hispano más racional que emotivo?
10. ¿Qué otras características hispánicas recuerda usted?

Presencia hispánica en los Estados Unidos

4

En el primer capítulo de este libro decíamos que las ideas que tenemos de otras culturas resultan, en general, de las imágenes que nos crean los medios de comu-
5 nicación más populares. Igualmente, las ideas que tenemos de las contribuciones que la cultura de un país recibe de otras, se deben, en muchos casos, a la influencia de la televisión, la radio y el cine.
10 Estoy seguro que si alguien pregunta a un hispano corriente cuál es la contribución más importante de los Estados Unidos a su cultura, inmediatamente piensa en la Coca-cola. Hay una anécdota sobre
15 un generalísimo dictador de una nación hispánica que visita las provincias. Cuando llega a la plaza de un pueblo quiere saber qué piensa de él la gente. Baja del automóvil y pregunta a un grupo de viejos que
20 están sentados conversando en la plaza: "¿Y . . . qué piensan ustedes de mí?" Hay un silencio entre los viejos. Ante ese silencio, el dictador se siente insultado. "¿Cómo? ¿No saben ustedes quién soy
25 yo?" —les pregunta enfadado. El más anciano, sin perder la calma, le responde:

decíamos *(imperfect of decir)* we said

se deben *are due*

corriente *(adj m & f) ordinary*
cuál *which*

generalísimo *(m) superlative of general (officer)*
qué piensa de él *what (the people) think of him*
están sentados conversando *(they) are seated talking*
ante *before, in the presence of*
se siente insultado *(he) feels insulted*
enfadado *(pp of enfadar) angered, angry*

"Pues, usted perdone, pero no tenemos ni la menor idea." Con voz temblorosa e insolente el general les anuncia: "¡Pues ustedes deben saber que mi nombre
5 aparece en todas las calles importantes de nuestra patria!" Los ojillos del anciano brillan de satisfacción. Ahora sabe quién es ese señor tan importante. Se levanta con una sonrisa en los labios, toma la
10 mano del general para estrecharla, y le dice: "Mucho gusto en conocerlo, señor Coca-cola, mucho gusto . . . "

La anécdota, verdad o mentira, ilustra el efecto que tiene o puede tener la propa-
15 ganda en la mente de personas que no conocen los verdaderos valores culturales de otro país.

Hoy día, por ejemplo, los anuncios de la televisión parecen indicarnos que han
20 descubierto toda una nación y su forma de ser al invitarnos a beber la sangría española, a consumir café de Colombia o a fumar los deliciosos tabacos de las plantaciones hispanoamericanas ofrecidos por
25 exóticas señoritas. Otro anuncio nos dice que si manejamos cierto automóvil, vamos a sentir el mismo desafío a la muerte que experimenta un torero al enfrentarse a su enemigo.

30 La presencia hispánica en los Estados Unidos es mucho más humana, más rica y más perdurable que unos cuantos nombres o productos. Y lo mismo podemos decir de la presencia de este país y su cul-
35 tura en el resto del mundo.

Las culturas de nueve millones de personas hispanas no se pueden ignorar. Es verdad que muchas de esas personas han

---

no tenemos ni la menor idea *we don't have the slightest idea*
e *and (used instead of* y *before* i *or* hi*)*

ojillos *(m dim. of* ojos*) little eyes*

tan *so*
para estrecharla *to shake it (to shake hands)*
mucho gusto en conocerlo *pleased to meet you*

hoy día *nowadays*
han descubierto *(pres perfect of* descubrir*) have discovered*
toda una nación *a whole nation*
sangría *punch made with red wine and fruit juices*
ofrecidos por *offered by*
cierto *certain*

al enfrentarse *when he faces (confronts)*

lo mismo *the same thing*

nacido en este país y con razón y orgullo pueden llamarse estadounidenses. No por eso, sin embargo, van a abandonar o rechazar un pasado y un presente que
5 pueden contribuir al mejoramiento futuro de esta nación.

Desde el momento en que los primeros hispanoparlantes llegan a esta tierra, ellos pasan a integrar la historia de los Estados
10 Unidos. Ayer y hoy se repiten constantemente nombres como Arizona (zona árida), California, Nuevo México, Texas, la Florida (de flores), Colorado (tierra roja), Montana (de montaña), El Paso,
15 Santa Fe, San Francisco, San Diego, San José, Los Ángeles, Sierra Nevada, Río Grande, etc. En cualquier diccionario de inglés encontramos palabras como "adiós", "adobe", "amigo", "burro",
20 "corral", "chocolate", "hacienda", "hombre", "mesa", "patio", "rodeo", "sierra", etc. Y ¿quién no ha oído las expresiones "número uno", "gusto", "mañana", "loco", "bandido"? ¿O las palabras
25 "canyon" (cañón), "desperado" (desesperado), "lasso" (lazo), "tobacco" (tabaco)?

Un caso paradójico y poco conocido es que la ropa y equipo que usó el "cow-
30 boy" (vaquero) en su conquista del Oeste y que usa hoy día en sus labores del campo son adaptaciones de prendas de origen hispano: el pañuelo (scarf), la chaquetilla (vest), los pantalones de piel (chaps),
35 el sombrero (hat), las espuelas (spurs), las botas (boots). La silla de montar (saddle) también tiene su origen en la cultura hispánica.

han nacido *(pres perfect of* nacer*) have been born*
sin embargo *however*

cualquier *any*

poco conocido *little known*
ropa *(f) clothing*

campo *(m) open country, field*
prendas *(f) garments*

también *also*

La profunda huella que la arquitectura colonial hispánica deja en algunos estados norteamericanos como en Nuevo México, California y la Florida es otra manifestación de la presencia hispánica en este país. En los estados mencionados muchas personas construyen sus casas según los estilos coloniales. La casa rancho es un buen ejemplo de esta influencia arquitectónica.

En la comida, la popularidad de los platos mexicanos se extiende cada día más. Tampoco faltan en las mesas norteamericanas la paella, el gazpacho, el arroz con pollo, las empanadillas, y el tomar sangría o vino con las comidas. Incluso hay familias que ahora utilizan el aceite de oliva en sus comidas, cosa que antes rechazaban por su sabor raro y desagradable.

Finalmente queremos reafirmar la idea de que si por muchos años la cultura hispánica—sobre todo la mexicana—fue rechazada o explotada, hoy día está situada en un nivel de tal importancia que es imposible omitirla o negarla. La mayor o menor aculturación de los hispanoparlantes depende de factores tales como el fondo social, político, histórico y económico a que pertenecen. Pero, en términos generales las diversas comunidades hispánicas manifiestan hoy un orgullo cultural que expresan pública y abiertamente. Su presencia, como hemos visto, es parte integral de la vida norteamericana. En el futuro, las contribuciones pueden ser mayores si todos tratamos de entendernos mutuamente.

profunda huella *deep trace, influence*
algunos *some, a few*

mencionados *mentioned*

según *according to*
casa rancho *ranch house*

cada día más *more and more every day*
tampoco *neither*
faltan *are lacking*
paella *(f) dish of rice with shell fish, clams and chicken*
gazpacho *(m) cold soup made with tomatoes, peppers, onion and cucumber*
arroz con pollo *(m) chicken with rice*
empanadillas *(f) little meat pies*
incluso *even*
antes *before, in the past*
fue rechazada o explotada *was rejected or exploited*
está situada *it's placed (situated)*
tal *such*

EJERCICIOS

I

A. *Choose the word that does not belong in each of the following groups.*

1. crear / particular / entender
2. labios / mano / gusto
3. hombre / tres / amigo
4. espuelas / sombrero / comida
5. torero / vaquero / banco

B. *Choose the two words that are opposite in meaning in each of the following groups.*

1. verdad / insulto / mentira
2. pasado / mes / futuro
3. más / menos / todo
4. amigo / grupo / enemigo
5. antes / después / desde

II

Choose the form of the verb that corresponds to each subject and write its infinitive in each of the following groups.

1. (nosotros): están / estás / estamos _____
2. (yo): tiene / tengo / tienes _____
3. (Jorge): puedes / puede / podéis _____
4. (tú): digo / digen / dices _____
5. (ellos): construimos / construyen / construyes _____

III

According to the text, which of the following statements are true?

1. El dictador hispano se detiene en la plaza del pueblo porque quiere saber qué piensa de él la gente.
2. Solamente el más anciano de los viejos sabe que él es el jefe del gobierno de su país.

23

3. Los anuncios que vemos en la televisión reflejan bien el carácter de las personas de otras culturas.
4. Muchas de las prendas de vestir que usan los "cowboys" son de origen inglés.
5. Las distintas comunidades hispánicas que viven en los Estados Unidos deben rechazar su pasado para integrarse mejor a la cultura de este país.
6. La silla de montar tiene su origen en la cultura hispánica.
7. La casa rancho es un ejemplo de la influencia hispánica en este país.
8. En los Estados Unidos viven más de treinta millones de personas de origen hispánico.

IV

Answer in Spanish.

1. ¿Qué medios de comunicación influyen mucho sobre nuestras ideas?
2. ¿Es la Coca-cola una contribución norteamericana importante para Hispanoamérica?
3. Según la anécdota, ¿es el jefe de gobierno una persona muy popular y conocida?
4. ¿Qué anuncios de televisión usan referencias culturales hispánicas?
5. ¿Cuántas personas de origen hispánico viven en este país?
6. ¿Recuerda usted algunos nombres geográficos de origen español?
7. ¿Qué palabras españolas podemos encontrar en un diccionario inglés?
8. Cuál es el origen de las prendas que usa el "cowboy" hoy día?
9. ¿En qué estados tuvo mucha influencia la arquitectura colonial hispánica?
10. ¿Qué platos españolas conoce usted?
11. ¿Qué platos mexicanos prefiere usted?

La estratificación social

5

El 12 de octubre es día de fiesta para el mundo hispano. Hasta hace poco era el "día de la Raza" pero recientemente cambió de nombre. Ahora es el "día de la
5 Hispanidad". En esta fecha se conmemora el descubrimiento de América por Colón en 1492 y se celebran festejos en todos los países hispanos—España e Hispanoamérica—para mantener vivos los lazos cul-
10 turales y espirituales que los unen.

Las connotaciones de la palabra "raza" son diferentes para el hispano y para el norteamericano. En general, el hispano no posee un prejuicio de "raza" como ocurre
15 en el mundo anglosajón. El color de la piel no influye en las posibilidades sociales y culturales de un individuo. No existen barreras legales ni sociales que impidan el casamiento de dos personas de distinto
20 color o que prohiban a un indio o negro sentarse donde se sienta un blanco. Cualquier individuo—indio, blanco o negro— puede tener un lugar importante en la vida política o social hispanoamericana. Por
25 ejemplo, tenemos el caso de Benito Juárez, el indio que en el siglo pasado

día de fiesta *(m)* *holiday*

hasta hace poco
until recently

fecha *date*

festejos *celebrations,*
feasts

mantener vivos
to keep alive
lazos *ties*

impidan *(pres. subjunc-*
tive of impedir*)*
prevent

cualquier *any*

siglo pasado *last century*

ocupó la presidencia de México por varios
años, o el caso del mestizo Lázaro Cár-
denas que fue presidente de ese país de
1934 hasta 1940.

5   La tendencia a considerar a los indios
como a una raza separada se basa especialmente en su cultura y escala social—
bastante diferentes a las que prevalecen en
el país en que viven—y no en sus caracte-
10 rísticas físicas distintivas. Para ser aceptado como miembro de un grupo na-
cional, el indio debe aprender el español
perfectamente, vestir ropa de tipo euro-
peo y establecerse en una ciudad o pueblo
15 lejos de su comunidad aborigen. En otras
palabras, el indio debe "europeizarse".
Esto implica que tiene que abandonar su
identidad cultural por formas y costumbres de tradición europea. Si el indio está
20 dispuesto a hacerlo, entonces se puede
integrar, sin grandes dificultades, al curso
normal de actividades nacionales.

Decimos "sin grandes dificultades" pero
debemos aclarar esta expresión. Real-
25 mente sería más correcto decir "con
grandes dificultades". ¿Por qué? Pues
porque en la mayoría de los casos el indio
que abandona su tribu o comunidad
comienza su nueva vida "civilizada" como
30 miembro del sector más pobre del país.
Cuando encuentra trabajo en el campo,
ofrece sus servicios a un patrón paterna-
lista como millares de mestizos que sólo
reciben un mínimo de protección
35 económica a cambio de una casi total
dependencia social.

En la ciudad la vida de los indios es, en
general, más dura. Oscar Lewis, un antro-

bastante *quite*
prevalecen *(present of*
   prevalecer) prevail

está dispuesto a *is willing*
   to

sería *(conditional of* ser*)*
   would (it) be

millares *thousands*
sólo *only*
a cambio de *in*
   exchange for

pólogo norteamericano, ha estudiado el gran problema social de los indios que van a la ciudad para buscar una "vida mejor". En sus estudios de esta "cultura de la 5 pobreza", el doctor Lewis establece una serie de características comunes a esta gente. Entre las consecuencias más frecuentes están: la lucha constante por la vida, bajos salarios, la diversidad de ocu-10 paciones no calificadas, el trabajo infantil, la mala alimentación, viviendas muy precarias (construídas con cartón, hojalata, etc.), el analfabetismo, el alcoholismo, el abandono de la familia, el machismo, la 15 promiscuidad . . . La lista es larga y poco attractiva. Es posible que la única esperanza de salvación de esta gente se encuentre en una ideología revolucionaria y en un cambio radical de las estructuras 20 económicas presentes. ¿No debe cada gobierno ofrecer a esta gente marginada una vida decente dentro del sistema político, económico y social del que son parte?

25 En el extremo superior de la escala social está la oligarquía de abolengo y también un grupo de "nuevos ricos". Es necesario indicar que este grupo es mínimo pero sus miembros controlan la 30 mayor parte de bienes capitales—tierras e industrias. La oligarquía forma la aristocracia latifundista y su riqueza procede de las tempranas especulaciones de tierras y de la explotación del elemento indígena. 35 Su influencia y poder son extraordinarios. Su alianza con los otros dos grandes poderes de estos países—la iglesia y el gobierno—impide, muchas veces, las

ha estudiado *(pres. perfect of* estudiar*)* *has studied*

cartón *(m)* *cardboard*
hojalata *tin-plate*
analfabetismo *illiteracy*

se encuentra *(pres. of* encontrarse*)* *is found*

marginada *left out, excluded*

del que son parte *which they are part of*

de abolengo *of lineage*

la mayor parte de *most of*

latifundista *holding large shares of land*

27

necesarias reformas sociales. Por otra parte, la aristocracia "moderna", situada generalmente en las grandes ciudades, está formada por un grupo dinámico de indi-
5 viduos que controlan las nuevas fábricas industriales, los bancos, los grandes centros comerciales, etc.

El grupo de la oligarquía privilegiada constituye una clase cerrada. Sólo por
10 nacimiento o matrimonio se puede ser parte de este grupo. Es más fácil entrar a formar parte de la clase de los ricos "nuevos" o "modernos". Esta clase está abierta a cualquier persona que tiene éxito
15 financiero gracias a su iniciativa monetaria, a su trabajo o a sus "padrinos". (Los padrinos, como vamos a ver con más detalle en otro capítulo, son personas social y económicamente importantes que
20 ayudan a obtener, por ejemplo, un puesto de importancia, un préstamo bancario u otros privilegios especiales.) Esta nueva clase social se adapta más fácilmente a las innovaciones culturales, a los cambios
25 metodológicos de trabajo y a las técnicas industriales que proceden del extranjero. Su papel en el desarrollo social y económico de España y de los países hispanoamericanos es vital para obtener una
30 mayor industrialización y mejorar el nivel de vida.

En el pasado las diferencias sociales eran más obvias porque existía un gran abismo económico entre las clases alta y baja.
35 Pero en los últimos años esa situación está cambiando, especialmente en las grandes ciudades. Hoy día, por ejemplo, es más grande el número de trabajadores que van

por otra parte *on the other hand*

está formada por *is composed of*

fábricas *factories*

por nacimiento *by birth*

padrinos *godparents (here, influential people)*

puesto *position, job*
préstamo *loan*

está cambiando *is changing*

hoy día *nowadays*

a trabajar en su propio automóvil. El salario más alto les permite vivir en casas o apartamentos más cómodos y comprar más aparatos eléctricos. Por la misma

5 razón, muchos ahora pueden enviar a sus hijos a escuelas particulares y hasta permitirse dos o tres semanas de vacaciones por año. Por desgracia, todo esto tiene su lado negativo. Estas demandas sociales en

10 general van acompañadas de un índice de inflación tremendo, especialmente en países poco industrializados y con una gran demanda de productos importados, como es el caso de los países hispanos. Y

15 esa inflación convierte en sueño imposible lo que en un momento parecía realizable ya que los aumentos de sueldo son mínimos en comparación con el incremento del costo de la vida.

20 En la clase media de los países hispánicos hay dos grandes grupos: los que reciben un sueldo o salario y los que trabajan por cuenta propia. En la actualidad, el primer grupo es mucho más

25 numeroso que el segundo. Debido a la inflación—prácticamente constante en estos países—muchos de los empleados tienen que conseguir dos o tres puestos para mantener su nivel de vida. Si un

30 estadounidense paga un aparato de televisión en blanco y negro con unas veinticinco horas de trabajo, un español de la "nueva" clase media necesita trabajar dos o tres semanas y un mexicano, casi el

35 doble.

Podemos deducir, entonces, que a pesar de que hoy día existen más posibilidades de mejorar económica y socialmente, el

enviar *to send*
particulares *private*
y hasta *and even*

van acompañadas de *are accompanied by*

sueño *dream*

ya que *since, because*
aumentos de sueldo *salary increases*

por cuenta propia *for themselves*
en la actualidad *at the present time*
debido a *due to*
empleados *workers, employees*

nivel de vida *standard of living*

casi el doble *almost twice (as long)*

a pesar de que *in spite of (the fact)*

mejorar *for improvement*

camino es todavía difícil para las clases más necesitadas. Por otra parte, la clase media, por su flexibilidad y relativa mobilidad, es la que tiene las mejores perspec-
5 tivas de futuro, aunque su tendencia a absorber los valores obsoletos de las clases más altas puede disminuir su progreso económico.

La esperanza de cambio hacia una
10 sociedad más justa y próspera está en la nueva juventud—estudiantes o trabajadores—hoy día más educada, consciente y sensible a los problemas sociales. Si el cambio no se produce, vamos a continuar
15 observando un tíovivo social estático en donde los de arriba miran con arrogancia a los de abajo.

aunque *even though*
valores *(m)* *values*

tíovivo *merry-go-round*
los de arriba *those on top*
los de abajo *those below*

EJERCICIOS

I

A. *Choose the word that does not belong in each of the following groups.*

1. diversidad / variedad / extremo
2. blanco / negro / fecha
3. lucha / trabajo / empleo
4. esperanza / salvación / fábrica
5. conmemorar / recibir / celebrar

B. *Choose the two words that are opposite in meaning in each of the following groups.*

1. sueño / tíovivo / realidad
2. impedir / lugar / permitir
3. separado / junto / bastante
4. particular / social / público
5. nacimiento / matrimonio / muerte

II

Write one or two nouns corresponding to each of the following verbs.

1. *festejar:* _____ _____
2. *gobernar:* _____ _____
3. *trabajar:* _____ _____
4. *estudiar:* _____ _____
5. *emplear:* _____ _____

III

According to the text, which of the following statements are true:

1. Los norteamericanos y los hispanos, en general, asocian la palabra "raza" al color de la piel de una persona.
2. Si un indio quiere subir en la escala social hispanoamericana debe, en primer lugar, abandonar su comunidad, su lengua nativa y vestir ropa europea.

3. Las características que establece el Dr. Lewis en su definición de "la cultura de la pobreza" son muy poco atractivas.
4. No existe un gran abismo entre las clases sociales hispánicas; sobre todo, entre las hispanoamericanas.
5. El indio nunca tuvo un lugar importante en la vida política de los países hispanos.
6. En general, la vida del indio en la ciudad es más fácil que en el campo.
7. La clase media de los países hispánicos está constituida por empleados y trabajadores independientes.

IV

Answer in Spanish.

1. ¿Cuándo se celebra el "día de la Hispanidad"?
2. ¿Son similares las connotaciones de la palabra "raza" para un hispano y para un norteamericano?
3. ¿Quién fue Benito Juárez?
4. ¿Quién gobernó México entre 1934 y 1940?
5. ¿Qué debe hacer el indio para ser aceptado por otro grupo social?
6. ¿Cómo es la situación de los indios en la ciudad?
7. ¿Quiénes forman los tres grandes poderes en los países hispanos?
8. ¿Es más fácil entrar al grupo de la oligarquía o al de los ricos "nuevos"?
9. ¿Quiénes son los "padrinos"?
10. ¿Cómo está formada la clase media en los países hispanos?
11. ¿Cuántas horas debe trabajar un norteamericano para comprar un aparato de televisión? ¿Y un español medio? ¿Y un mexicano?
12. ¿Es la clase media una clase relativamente flexible?

Machismo y marianismo

6

En general, podemos afirmar que el mundo hispánico es un mundo dominado por los hombres. Los niños aprenden desde pequeños el significado de las pala-
5 bras "hombre", "mujer", "masculino", "femenino". El sexo es solamente una de las diferencias. Existe una serie de acti-tudes, labores y actividades exclusiva-mente masculinas y otras exclusivamente
10 femeninas. Las niñas juegan con sus muñecas o ayudan a su madre en las labores de la casa y los niños juegan con sus autitos o practican deportes. Sería causa de preocupación para un padre (o
15 madre) hispano observar a un hijo parti-cipar en juegos o actividades femeninas y viceversa.

La educación que reciben estos niños— en la casa o en la escuela—está orientada a
20 producir hombres y mujeres que saben muy bien el lugar que ocupan y el papel que les corresponde en la familia y en la sociedad. Especialmente saben el tipo de actividades propias de cada sexo. Por su
25 condición masculina, por ejemplo, el hombre no puede demostrar debilidad

dominado por *dominated by*

muñecas *dolls*

autitos *little cars*
practican deportes
practice sports
sería *(it) would be*

está orientada a
is oriented toward

propias de *appropriate to*

demostrar *to show*
debilidad *weakness*

física o espiritual en ningún momento sin correr el riesgo de ser considerado homosexual o afeminado. Por esa razón, son muy pocos los que llevan una bolsa de 5 compras del mercado o empujan el cochecito del hijo. Y por eso también sería casi un insulto ofrecer guantes protectores a un obrero. Su respuesta sería inmediata: ¿Yo . . . guantes? Eso es para las muje-10 res."

Sin embargo, los casos anteriores no son, necesariamente, ejemplos del "machismo". Son simplemente costumbres aceptadas por la mayoría. Además, de-15 bemos indicar que en los últimos años estas costumbres están modificándose, probablemente por influencia del cine y la televisión.

El "macho", el hombre duro, el indi-20 viduo que se jacta de su masculinidad, es la excepción más que la regla. Algunos artículos publicados recientemente dan la impresión de que el machismo es una actitud universal, aceptada por toda per-25 sona hispana. Nada está más lejos de la verdad. En general, el hombre hispano detesta esa arrogancia ridícula, esa falsa agresividad sexual, esa infantil creencia de superioridad masculina.

30 Algunas personas creen que en ciertos países como México, Cuba, Puerto Rico, y Venezuela, el machismo se manifiesta más marcadamente. La experiencia demuestra, sin embargo, que el hombre normal y 35 corriente busca una regla de conducta determinada por la cultura en que vive. Si su papel puede parecer chauvinista e injusto, eso es otra cuestión.

sin correr el riesgo de ser considerado *without running the risk of being considered*
bolsa de compras *shopping bag*
empujan *push*
cochecito *stroller*
por eso *for that reason*
guantes *(m) gloves*

machismo *attitude of male superiority, machismo*
costumbres *(f) habits, customs*
aceptadas *accepted*
mayoría *majority*
además *moreover*

se jacta de *boasts about*
regla *rule*
publicados *published*

más lejos de *farther from*

corriente *ordinary*
determinada por *determined by*

36

Un turista que llega a España o a otro país hispano sin conocer su cultura y observa la manera de actuar de cualquier hombre cuando ve pasar a una mujer por
5 la calle, probablemente va a concluir que el hombre hispano siempre está en acecho de mujeres inocentes, dispuesto a saltar sobre ellas en cualquier rincón solitario y oscuro. Esta experiencia me la han con-
10 tado muchas de mis alumnas que han visitado España, México o cualquier otro país hispanoamericano. En realidad este comportamiento está más directamente relacionado con la idea que el joven
15 hispano tiene de las muchachas extranjeras que con el deseo específico de mostrar su machismo.

Al hispano le gusta admirar la belleza femenina. Le gusta galantear, piropear a
20 las mujeres que pasan a su lado. Si éstas reaccionan favorablemente, las puede seguir unos cuantos metros. Pero en general la muchacha hispana ignora el piropo o lo acepta sin mayor atención y el joven
25 abandona su "presa" para piropear a la próxima muchacha que llama su atención. Lo que ocurre con las jóvenes no hispanas—que no están acostumbradas a este tipo de galanteo callejero—es que reac-
30 cionan de una manera tan visible—de temor, enojo o satisfacción—que provocan más atención e insistencia de parte del muchacho. La insistencia es máxima si el muchacho tiene la idea—falsa, pero muy
35 común—de que toda mujer extranjera visita su país en busca de aventuras amorosas. El problema no existe si la muchacha extranjera, conociendo la

está en acecho de *is waiting to ambush*
dispuesto a saltar sobre ellas *ready to jump on them*
rincón *corner*
han contado *have told*
han visitado *have visited*

comportamiento *behavior*

galantear *to court*
piropear *to compliment, flatter*

unos cuantos metros *a few yards (meters)*
piropo *compliment*
sin mayor atención *without much attention*
presa *prey*

lo que *what*
acostumbradas a *used to*
galanteo callejero *street flattery*

forma de actuar del joven hispano, ignora
su piropo y pasa de largo, como hacen las
jóvenes del lugar.

pasa de largo *walks by
(without stopping)*

5 Sin embargo, el papel predominante del
hombre en la cultura hispana muchas
veces impone en la mujer una serie de
demandas serviles y esclavizantes. Desde
pequeña la joven aprende a aceptar los
deberes y hasta las humillaciones impues-
10 tas a su sexo. Y en gran parte la iglesia es
culpable de esa situación. Por ejemplo, si
aceptamos las palabras del fundador del
Opus Dei, un movimiento católico poderoso fundado en 1928 en Madrid por el
15 sacerdote José María Escrivá de Balaguer
y Albas, "las mujeres han sido llamadas
para llevar a la familia, a la sociedad, a la
Iglesia, lo que es propio de ellas y que sólo
ellas pueden dar: su delicada ternura, su
20 continua generosidad, su amor por lo
concreto, su talento, su habilidad, su
piedad sencilla pero profunda, su tenacidad . . . No es necesario que sean inteli-
gentes; basta con que sean discretas."
25 Este simple mensaje, aunque formulado
en España, puede muy bien aplicarse a
todo el mundo hispánico: el papel de la
mujer debe ser el de madre y esposa. Otras
aspiraciones deben considerarse anor-
30 males y peligrosas para la familia y la
sociedad. Para la mujer, la regla debe ser el
"marianismo". Ella debe seguir el ejemplo
de la Virgen María, modelo de sufrimiento
y resignación.
35 La mujer hispana aprende desde niña,
entre otras cosas, que su lugar está en la
casa, en la cocina, que las necesidades
sexuales de los hombres son mayores, que

impone en *imposes
upon*

impuestas a *imposed
upon*

culpable de *to be
blamed for*

fundado *founded*

han sido llamadas
have been called

lo que es propio de ellas
*what is natural to
them*

No es necesario . . .
discretas. *It is not
necessary for them
to be intelligent; it
is enough if they
are discreet.*

deben considerarse
anormales y peligrosas
*should be considered
abnormal and
dangerous*

el propósito fundamental del matrimonio
es el de tener hijos y educarlos, que los
hombres se casan sólo con vírgenes, que
solamente las muchachas fáciles o per-
5 didas salen con varios jóvenes, que disfrutar del acto sexual es propio de animales.

    Con esas enseñanzas y el ejemplo de su
madre, la muchacha hispana entra en el
matrimonio dispuesta a mantener una
10 vida sumisa y preestablecida. Si el marido
manifiesta sus necesidades sexuales en la
oscuridad del dormitorio, la mujer, pasiva
y receptora, lo acepta como un deber que
no le permite demostrar satisfacción o
15 goce alguno.

    Y así de madre a hija, de mujer a mujer.
Pero desde hace algunos años notamos un
proceso progresivo de transformación en
el mundo hispánico. Otras ideas, otras
20 influencias traen nuevos vientos que,
como vamos a ver en las páginas que
siguen, agitan las ramas tradicionales para
imponer distintos puntos de vista.

fáciles o perdidas
easy or lost
disfrutar *to enjoy*
propio de animales
animalistic

sumisa *submissive*

goce *(m) enjoyment*

ramas *branches*
puntos de vista
points of view

EJERCICIOS

I

A. Choose the word that does not belong in each of the following groups.

1. esa / aquel / mayor
2. muchacho / joven / viento
3. guantes / bolsa / soldado
4. regla / norma / piropo
5. demostrar / enseñar / sufrir

B. Choose the two words that are opposite in meaning in each of the following groups.

1. común / raro / duro
2. sufrimiento / goce / impuesta
3. recibir / dar / disfrutar
4. insulto / piropo / costumbre
5. afeminado / marido / macho

II

Write a noun corresponding to each of the following verbs.

1. jugar: _____
2. educar: _____
3. piropear: _____
4. desear: _____
5. aspirar: _____
6. creer: _____
7. necesitar: _____
8. galantear: _____

III

According to the text, which of the following statements are true:

1. Al hombre hispánico le gusta ayudar a su esposa en las actividades domésticas.

2. El machismo se observa más en países como México, Cuba, Puerto Rico o Venezuela.

3. A la mujer hispánica le han enseñado desde pequeña que en su papel de madre y esposa ha de seguir el ejemplo de la Virgen María.

4. Las enseñanzas que pasan de madre a hija son modernas y proclaman la igualdad de derechos entre los hombres y las mujeres.

5. Cuando una muchacha hispana recibe un piropo, generalmente lo ignora o lo acepta sin mayor atención.

6. La iglesia es en gran parte culpable de la situación servil y esclavizante en que se encuentran muchas mujeres hispanas.

IV

Answer in Spanish.

1. En el mundo hispano, ¿ayuda generalmente el hijo a su madre? ¿Y la hija?

2. ¿Es común ver a una niña jugar con autitos?

3. ¿Puede el hombre hispano demostrar debilidad física o espiritual? ¿Por qué?

4. ¿Podemos decir que en el mundo hispano hay actividades exclusivamente femeninas y otras exclusivamente masculinas?

5. ¿Qué es el "machismo"?

6. ¿Es el machismo una característica importante del hombre hispano?

7. ¿Qué es un "piropo"?

8. ¿Dicen piropos las mujeres? ¿Y los hombres?

9. ¿Cómo reacciona una muchacha hispana ante un piropo? ¿Y una muchacha no hispana?

10. ¿Qué es el *Opus Dei*?

11. ¿Creen los miembros del *Opus Dei* en la liberación de la mujer?

12. Según el *Opus Dei*, ¿cuál debe ser el papel de la mujer?

13. ¿Qué es el "marianismo"?

14. ¿Cuál es el propósito fundamental del matrimonio para muchas mujeres hispanas?

La revolución de la sueca

En el capítulo anterior hablamos del papel sumiso de la mujer en la cultura hispana. Pero a veces las apariencias engañan. En realidad, la madre dirige los destinos de
5 sus hijos y los educa de acuerdo con sus criterios e ideas. La personalidad del hijo depende, en gran parte, de la madre. Su influencia en la formación del carácter del hijo puede resultar, si ella lo desea, en un
10 individuo psicológica y moralmente diferente—o totalmente opuesto—al padre. En muchos casos el padre no se entremete, porque el poder de la madre en la educación de los hijos es casi absoluto.
15 Aquí reside el verdadero poder de la mujer hispana, especialmente cuando el padre, por su conducta dudosa fuera de la casa, no se atreve a protestar y concede la autoridad a la mujer en los asuntos case-
20 ros.

Los hijos, pues, en lugar de admirar a su padre y crearse a imagen de él, desarrollan una personalidad determinada por los designios de la madre. Esto no significa
25 que los hijos varones van a copiar la conducta materna. ¡Dios los libre! Los

anterior *previous*
sumiso *submissive*
a veces las apariencias engañan *sometimes appearances are deceiving*
dirige *directs, controls*
los educa *brings them up*

opuesto *opposite*
no se entremete *doesn't interfere*

se atreve a *dare to*
asuntos caseros *household matters*

varones *male*
¡Dios los libre! *May God help them!*

niños tienen que hacerse hombres hechos
y derechos, y la madre hace todo lo
posible para fomentar cualidades y acti-
tudes masculinas en su hijo. Pero debido al
5 papel preponderante que las madres
tienen en la vida de los hijos, éstos crecen
admirándolas y desean encontrar en la
novia o esposa futura las cualidades que
más admiran en su madre.

10   Cuando llega el momento de encontrar
esposa, el joven busca a una muchacha
decente, sencilla, amante de la casa y de
los niños, virtuosa como su madre y en lo
posible inocente, sin experiencias amo-
15 rosas anteriores. Muchas veces, el noviazgo inicia un tipo de relación muy especial
donde en vez de intercambiar ideas,
gustos, o planes futuros el novio pacientemente "crea" a su futura esposa y ésta,
20 condescendiente, se amolda a las sugerencias del hombre con quien va a compartir su vida. Generalmente esa "crea-
ción" tiene como inspiración a la propia
madre del novio, a quien éste, incons-
25 cientemente, toma como modelo, sin
pensar jamás en la posibilidad de la
existencia de un complejo de Edipo de su
parte. Tal idea sería una aberración moral.
El joven sólo quiere encontrar una com-
30 pañera comprensiva, cariñosa con los hijos
y buena ama de casa como su propia
madre.

  Así empiezan las salidas domingueras,
las largas conversaciones triviales, las
35 primeras caricias en la oscuridad de una
película romántica. Pero el beso se reserva
para más adelante, tal vez para la quinta o
sexta salida, cuando la muchacha puede

hechos y derechos
  fully grown
hace todo lo posible *does
  everything possible*
fomentar *to foster*
debido al *due to the*

éstos *the latter*

en lo posible *as much
  as possible*

noviazgo *engagement;
  courtship*

en vez de *instead of*

condescendiente
  acquiescent
se amolda a *becomes
  molded*
sugerencias *suggestions*
compartir *to share*

de su parte *on his part*

cariñosa *loving*
ama de casa *housewife*

salidas domingueras
  going out on Sundays

más adelante *later*
tal vez *perhaps*

confiar en las intenciones serias del joven.
También la entrada a la casa de la novia
sólo ocurre cuando los planes de la boda
son ya definitivos. Actuar de otra manera
5 sería la excepción, no la regla, aunque en
los últimos años las excepciones han
aumentado considerablemente.

Una anécdota española relata el caso de
un novio celoso y tradicional que logra
10 convencer a su futura esposa veinticuatro
horas antes de la boda. Inmediatamente
después de la entrega amorosa él abandona a la muchacha por indigna: ¿cómo
puede confiar en una mujer que se entrega
15 a un hombre que no es su marido?

Como vemos, el hombre hispano está
acostumbrado a una serie de etapas
amorosas—calculadas y establecidas por la
sociedad y la costumbre—cuya práctica es
20 la regla en su mundo. Por eso se encuentra
perdido y confuso, sin saber cómo actuar,
cuando se enfrenta con mujeres de otros
países.

Si trata de aproximarse a ellas con los
25 mismos métodos, esperando una conquista lenta y dificultosa, a menudo le
sorprende la inesperada reacción favo-
rable y espontánea de la visitante. Su
pregunta inmediata es "¿qué hacer"? En
30 general su machismo le dice: "Adelante.
Después de todo esta mujer debe ser fácil
y es gratis." Pero la sorpresa y el efecto
psicológico pueden ser grandes.

El joven hispano aprende desde pe-
35 queño que las mujeres se dividen en dos
grupos: las decentes y las fáciles o perdidas. No duda que estas últimas van a
terminar en un prostíbulo o por los bares

---

boda *wedding*

han aumentado *have increased*

logra convencer *succeeds in convincing, seducing*

entrega *surrender*

indigna *unworthy person*

está acostumbrado a *is used to*
etapas *steps*

por eso *for that reason*

trata de aproximarse *tries to approach*

a menudo *often*

Adelante. *Go ahead.*

prostíbulo *house of prostitution*

en busca de otros hombres. Pero su
sorpresa no puede ser mayor cuando una
mañana cualquiera, por pura casualidad,
lee en el periódico local que la señorita
5 Erika, de Suecia, por ejemplo, acaba de
casarse con una figura importante del
gobierno de su país. "¿Cómo es posible?"
se pregunta incrédulo el sorprendido
amante. La noticia, la realidad de la vida,
10 acaba de contradecir siglos de tabús y de
ideas predeterminadas. Sólo entonces
comprende el joven hispano que una
mujer emancipada, libre de prejuicios, con
los mismos deseos amorosos y sexuales
15 que él no es tan indecente como él
pensaba. Y tiene que admitir que ella
puede ofrecer las mismas posibilidades de
felicidad y estabilidad doméstica que sus
hermanas hispánicas.
20 Por otra parte, y allí está el "peligro" de
esta revolución sexual, la mujer hispana
lee los mismos periódicos que su novio,
hermano o marido.

por pura casualidad *by pure chance*

Suecia *Sweden*
acaba de casarse con *has just been married to*

por otra parte *on the other hand*
peligro *danger*

EJERCICIOS

I

A. *Choose the word that does not belong in each of the following groups.*

1. autoridad / cualidad / característica
2. intención / modelo / ejemplo
3. decente / adelante / virtuoso
4. dejar / abandonar / entremeterse
5. sufrir / dar / entregar

B. *Choose the two words opposite in meaning in each of the following groups.*

1. futuro / pasado / último
2. siguiente / anterior / peligro
3. acostumbrado / a menudo / nunca
4. dominador / autoridad / sumiso
5. largo / inquieto / corto

II

Write a word (verb, noun, or adjective) that is contained in each of the following words.

1. incapaz: _____
2. intercambiar: _____
3. indigna: _____
4. indecente: _____
5. crearse: _____
6. predeterminadas: _____
7. admirar: _____
8. inconsciente: _____

III

According to the text, which of the following statements are true:

1. Una madre hispana puede, en muchos casos, amoldar la personalidad de sus hijos.

2. Es muy importante que un muchacho hispano bese a la joven con quien sale la primera vez, porque si no ella pensará que él no es muy macho.
3. Las mujeres de otros países tienen más necesidades sexuales que las hispanas.
4. En general, el hijo crece admirando a su madre y por eso desea encontrar en su novia las cualidades que más admira en su madre.
5. Es común entre los novios hispanos tener relaciones sexuales la noche anterior a la boda.
6. Para el hispano existen dos clases de mujeres: las decentes y las fáciles o perdidas.
7. En el noviazgo, la novia tiene a menudo un papel muy pasivo.

IV

Answer in Spanish.

1. ¿Es realmente secundario el papel de la mujer hispánica?
2. ¿Tiene el padre más influencia que la madre en la formación de la personalidad del hijo?
3. ¿A quién admiran más los hijos: al padre o a la madre?
4. ¿Qué cualidades busca un hombre hispano en su futura esposa?
5. ¿Cuándo entra el novio en la casa de la novia por primera vez?
6. ¿Es fácil para un hispano comprender y aceptar el comportamiento de ciertas mujeres extranjeras más emancipadas?
7. El proceso de la conquista amorosa, ¿es generalmente lento o rápido?
8. ¿En cuántos grupos divide el hispano corriente a las mujeres? ¿Cuales son?
9. ¿En qué grupo está su madre? ¿Su novia? ¿Su esposa?
10. Para el hispano, ¿en dónde terminan generalmente las mujeres fáciles?

8

Vuelva usted mañana

¿Quién no ha visto en las películas al mexicano sentado contra una pared— durmiendo o descansando—con un gran sombrero sobre la cara? ¿Y quién no ha 5 oído comentar la costumbre de la siesta hispánica? Muchas veces el norteamericano, que ignora las posibles razones económicas, sociales y culturales que favorecen esa costumbre, la critica severa 10 e injustamente.

El anglosajón aprende, desde pequeño, que el trabajo es bueno para el alma y para el cuerpo: ennoblece el espíritu y enriquece al que trabaja. Además, la expe- 15 riencia le demuestra que el trabajo es progreso: con trabajo se construyen las naciones y, a nivel personal, con trabajo se escala económica y socialmente. En particular, el norteamericano sabe que si 20 trabaja puede comprar los bienes materiales que desea. La práctica y la realidad económica de su país le enseñan que la solución a los problemas económicos personales y nacionales está en el trabajo. Por 25 eso, incluso en sus horas de descanso, él

durmiendo o descansando *sleeping or resting*
ha oído comentar *has heard discussed*

alma *soul*
cuerpo *body*
enriquece *enriches*
además *besides*

a nivel personal *on a personal level*

incluso *even*

trabaja en sus "hobbies" o en otros quehaceres ociosos.

Por el contrario, la situación económica de los países hispanos es muy diferente y
5 la frustración que esa situación ocasiona al trabajador común explica y justifica su actitud negativa hacia el trabajo. El hispano considera que el trabajo sólo le da dolores de cabeza y cansancio. Mientras el
10 norteamericano trabaja para vivir y gozar de la vida, el hispano trabaja para sobrevivir y muchas veces el salario no le basta ni para eso.

La experiencia del hispano, entonces,
15 explica esa connotación negativa que él asigna al trabajo. Hasta hace poco, su labor le producía un salario tan miserable que sólo a duras penas podía mantener a su familia. Entonces, ¿para qué matarse y
20 esforzarse? Las horas del trabajo deben pasarse lo mejor posible. Y por eso el trabajador u oficinista hispano, siempre que puede, fuma un cigarrillo, va a tomar un café al bar de la esquina, lee la página
25 deportiva del periódico o hace cualquier otra cosa. Todo menos concentrarse en una labor mal pagada y de poca satisfacción personal.

Como el dinero está en manos del
30 patrono, el obrero cree que le hace un favor al patrono trabajando para él. No piensa en términos económicos de productividad porque su mayor o menor productividad sólo beneficia a los patro-
35 nos y empresarios. Por eso, una de las máximas aspiraciones de cualquier hispano es conseguir un empleo con un mínimo de trabajo y un máximo de

quehaceres ociosos *(m)*
idle occupations
por el contrario
in contrast

mientras *while*
gozar de *enjoy*
sobrevivir *to survive*
no le basta ni para eso
is not even enough for that

a duras penas *with great difficulty*

esforzarse *to exert oneself*

siempre que puede *whenever he can*

todo menos *everything except*
mal pagada *low-paying*

patrono *boss*

empresarios *managers, entrepreneurs*

sueldo. ¿Y dónde encontrar una situación
tan ideal? Pues en las innumerables insti-
tuciones del gobierno donde los empleados parecen estar de vacaciones todo
5 el año, conversando, fumando o leyendo
el diario cómodamente sin prestar atención a las personas que están en la cola
esperando ser atendidas por estos raros
animales bípedos llamados empleados
10 públicos.

sin prestar atención a
without paying
attention to
en la cola *in line*
raros *strange*
empleados públicos
public employees

Pero conseguir un empleo público no es
muy fácil. Es necesario conocer a gente
influyente porque aunque las vacantes se
llenan en base a una prueba escrita, no
15 todos consiguen el empleo por sus conocimientos o habilidad profesional. Obtener una excelente calificación no garan-
tiza el trabajo. Por el contrario, si la
calificación es bajo o si uno fracasa en el
20 examen, pero conoce—directa o indirectamente—a alguien del jurado calificador,
entonces puede estar seguro de que tiene
el empleo.

influyente *influential*
en base a una prueba
escrita *on the basis
of a written test*
conocimientos
knowledge
habilidad *(f) skill*
calificación *(f) rating,
grade*
fracasa en *fails*
jurado calificador
panel of judges

En el mundo hispano, frecuentemente
25 un individuo vale más por el número de
amistades importantes que tiene que por
su inteligencia o cualidades personales.
Los "padrinos" (o "compadres", "en-
chufes", y "trifásicos," como a veces se les
30 llama) son indispensables para salir
adelante en muchas ocasiones o situa-
ciones.

padrinos *people willing
to lend their influence*
salir adelante *to get
ahead*

Si el hispano necesita una recomenda-
ción para obtener un trabajo, entrar en
35 alguna facultad o acelerar la adquisición
de un documento oficial, lógicamente se
dirige al amigo que puede activar el
mecanismo burocrático por influencia

facultad *(f) department
of a university*
se dirige *he goes*

personal o de sus amistades. Esta persona, satisfecha y orgullosa de poder ayudar a un amigo, escribe unas palabras de presentación—en una tarjeta de visita o carta— dirigidas a la persona de influencia. Con este "pasaporte", el joven va directamente en busca de don "Resuélvelotodo", que por ser una personalidad de mucha importancia, tiene una oficina muy lujosa y dos o tres secretarias a su servicio. Ahora, sentado en la sala de espera, sólo debe esperar unas cuantas horas. Finalmente el joven puede entrevistarse con don Resuélvelotodo. El joven se presenta humildemente; da la tarjeta de visita al hombre importante y éste, después de leerla, le dice—con una mirada y voz paternales— que hará lo posible y que vuelva mañana. Nuestro hispano, contento y muy optimista, vuelve mañana. Pero le informan que el señor importante salió inesperadamente en viaje de negocios a Bruselas o a Boston, y que por favor vuelva mañana. El vuelve mañana y mañana y mañana... Pero como "con paciencia se llega al cielo," es casi seguro que después de tanto esperar, después de tantos mañanas, el joven obtendrá lo que necesita.

La experiencia anterior parecerá algo exagerada, pero ejemplifica el caso típico de muchos extranjeros que tratan de resolver sus negocios con la misma rapidez y eficacia a que están acostumbrados en sus países. Por ejemplo, Mr. Smith llega a Bolivia o a Guatemala con planes para la construcción de una nueva fábrica. Cree que en cuatro o cinco días podrá hacer todos los arreglos necesarios para la insta-

5 — dirigidas
10 — dos o tres secretarias
15 — demente
20 — mista
25 — Pero
30 — exagerada
35 — Bolivia

don Resuélvelotodo *Sir Solve-it-all*

lujoso *luxurious*

sala de espera *waiting room*
unas cuantas *a few*
entrevistarse con *to get an interview with*

que vuelva mañana *to come back tomorrow*

inesperadamente *unexpectedly*

"con paciencia se llega al cielo" *"with patience you will get to Heaven."*

fábrica *factory*

arreglos *arrangements*

lación. Como no conoce muy bien el sistema, se presenta a las dos de la tarde en casa del abogado que preparará los documentos requeridos por el Ministerio de
5 Industria. La secretaria le anuncia que el señor abogado no acostumbra presentarse en la oficina hasta más o menos las cuatro. Para aprovechar el tiempo, Mr. Smith decide comprar unos regalos para su
10 familia. Pero si no va a uno de los grandes almacenes que siguen el horario "americano", se dará cuenta de que la mayoría de las tiendas están cerradas. Los propietarios y empleados estarán en sus casas
15 comiendo o quizá durmiendo una siestecita (decimos "quizá" porque la costumbre está desapareciendo; especialmente en las grandes ciudades). En fin, Mr. Smith se exaspera, se queja de la
20 pereza hispana y finalmente regresa a su país después de repetidas frustraciones y cansado de oir tantos "vuelva usted mañana". Cuando regresa a su país, Mr. Smith cuenta sus experiencias increíbles
25 en el mundo hispano a los directores o ejecutivos de su fábrica. Estos, que ya habían oído hablar de esas dificultades, tratan de alentarle y de asegurarle que la fábrica podrá inaugurarse en un futuro no
30 muy lejano. Al cabo del día, después de tomar decisiones importantes, de dictar miles de cartas, de responder llamadas telefónicas, Mr. Smith se siente cansado y preocupado. Necesita hablar con un
35 psiquiatra. "John", le dice el médico amigo, "debes tomar la vida con más calma. No puedes seguir así. Necesitas distraerte y descansar un poco, unas dos o

abogado *lawyer*

para aprovechar *to take advantage of*

almacenes *(m) stores, shops*
horario *schedule*
se dará cuenta de que *(he) will realize that*
siestecita *short nap*

se queja de *(he) complains that*
pereza *laziness*

alentarle *to encourage him*
al cabo del día *at the end of the day*

tres horas, a mediodía ... Te sentirás
renovado física y espiritualmente, traba-
jarás sin tantos nervios por la tarde y hasta
volverás a casa con ganas de hablar con tu
5 esposa."

con ganas de hablar
feeling like talking

Antes de cerrar este capítulo queremos
dejar bien claro que el trabajador hispano—chileno, paraguayo, mexicano,
español o de cualquier otro país—puede
10 competir con el trabajador más capaz de
cualquier otra cultura. Si alguien duda de
esta afirmación sólo tiene que recordar las
doce y catorce horas diarias que un peón
trabaja recogiendo las lechugas o los
15 tomates que serán consumidos por las
mesas americanas. O también puede escuchar los comentarios de los encargados
alemanes que admiran la productividad y
esfuerzo del obrero español, considerado
20 entre los mejores de Europa.

dejar bien claro
to make it very clear

encargados *foremen;
overseers*

Es fácil deducir entonces que lo que el
trabajador hispano necesita es la posibilidad de ver el resultado concreto y
tangible de su trabajo como lo ven y
25 disfrutan los obreros de otras partes del
mundo. Démosle esa meta honrosa y
veremos qué pronto cambia esa imagen—
simplista e injusta—de trabajador perezoso que se tiene del hispano.

lo que *what*

meta *goal*
honrosa *honest,
honorable*

que se tiene *which
one has*

EJERCICIOS

I

A . Choose the word that does not belong in each of the following groups.

1. lechuga / tomate / mesa
2. obrero / diligencia / empleado
3. hora / prontitud / rapidez
4. darse cuenta de / escuchar / oír
5. meta / medio / objetivo

B. Choose the two words that are opposite in meaning in each of the following groups.

1. necesitar / tener / tomar
2. humilde / orgulloso / perezoso
3. cerca / encima / lejos
4. trabajo / descanso / mediodía
5. delicado / afortunado / desgraciado

II

Write the present and past participles of the following verbs.

	Present Participle	Past Participle
1. dormir:	*durmiendo*	*dormido*
2. descansar:		
3. oír:		
4. ver:		
5. conversar:		
6. leer:		
7. escribir:		
8. dirigir:		
9. cerrar:		
10. comer:		

III

According to the text, which of the following statements are true:

1. Según la ética anglosajona el trabajo ennoblece al hombre.
2. A pesar de que el hispano gana poco dinero en su trabajo, él se esfuerza por satisfacer a su patrón.
3. En el mundo hispánico uno vale más si conoce a gente de influencia. La inteligencia y las cualidades personales son menos importantes.
4. Los extranjeros, poco conocedores de la forma de ser hispánica, esperan los mismos resultados que en sus respectivos países al tratar de resolver asuntos de negocios.
5. La pobreza de los países hispanos se debe al hecho de que los hispanoamericanos son generalmente perezosos.
6. El trabajo satisface personal y económicamente al noventa por ciento de los trabajadores hispanoamericanos.
7. En los países hispánicos, las tiendas generalmente cierran entre las doce del mediodía y las tres de la tarde.
8. Por su constitución física, el trabajador hispano no puede competir con otros trabajadores de países económicamente más desarrollados.

IV

Answer in Spanish.

1. Según la experiencia del anglosajón, ¿por qué y para qué es bueno el trabajo?
2. En general, ¿qué hace el norteamericano en sus horas de descanso?
3. ¿Es la situación económica del trabajador hispano similar a la del trabajador norteamericano?
4. ¿A quién beneficia la productividad del obrero hispano?
5. En cuestiones de trabajo, ¿cuál es la máxima aspiración del hispano?
6. ¿Qué es un "empleo público"?
7. ¿Es fácil conseguir un empleo público? ¿Por qué?
8. ¿Requiere mucha concentración e inteligencia el trabajo del empleado público?
9. ¿Es necesario obtener una calificación excelente para conseguir un empleo público?
10. ¿Para qué sirven los "padrinos"?
11. ¿Están todas las tiendas abiertas entre las doce del mediodía y las tres de la tarde? ¿Por qué?

57

La fiesta de San Fermín, Pamplona

9

Viva la vida: las fiestas

Las fiestas en el mundo hispánico siempre causan admiración y asombro a los turistas y extranjeros. Algunos las presencian en Quito, otros en Pamplona, Madrid o
5 México y casi todos reaccionan con entusiasmo. Tanto el turista como el antropólogo se sienten movidos por los colores, el ruido, la alegría o el sentimiento religioso que manifiesta el pueblo hispano en
10 sus fiestas.

    Algunas fiestas hispánicas se celebran en honor de acontecimientos históricos. Año tras año, cada país celebra el día de su independencia y rinde homenaje a sus
15 héroes nacionales. Por ejemplo, el 16 de septiembre es día de fiesta en México. El 16 de septiembre de 1810 el padre Miguel de Hidalgo pronunció las palabras que incitaron al pueblo mexicano a levantarse
20 en armas contra España y a iniciar el movimiento de independencia. Este día se celebra con desfiles y fuegos artificiales, como el 4 de julio en los Estados Unidos.

    Hay otros días en que se celebran fiestas
25 religiosas. Los países hispanos, por tradición o herencia cultural católica, tienen en

asombro *astonishment*
presencian *witness*

ruido *noise*

acontecimientos *events*
año tras año *year after year*
rinde homenaje *pays homage*

desfiles *(m)* *parades*
fuegos artificiales *fireworks*

su calendario varias fiestas de ese tipo.
Durante estas fechas, la gente recuerda o
conmemora un acontecimiento importante de la vida de un santo, de la Virgen o
5 de Jesucristo.

Durante la Semana Santa, por ejemplo,
hay procesiones de hombres vestidos de
romanos antiguos o de penitentes.
También hay procesiones de los "pasos",
10 escenas de los últimos momentos de la
vida de Cristo. Así es como el pueblo
católico recuerda el significado de la
pasión y muerte de Jesús.

Otra fecha importantísima es, por
15 supuesto, la Navidad, que celebra el
nacimiento del Niño Dios. En los países
hispanos no es costumbre, como lo es en
los Estados Unidos, dar juguetes a los
niños o intercambiar regalos en la Navi-
20 dad. La gran celebración tiene lugar en
estos países el veinticuatro de diciembre,
la noche de Nochebuena, cuando el delicioso turrón, la sidra y el exquisito pan
dulce de Navidad son prácticamente in-
25 faltables en los hogares hispanos. Es costumbre ir a misa y después, a la hora de la
cena, familiares y amigos se reúnen
alrededor de la mesa para saborear el
clásico lechoncito asado o algún otro
30 plato especial. El veinticinco es un día de
descanso en que generalmente uno se
queda en casa o visita a los amigos más
íntimos.

Entre otros días de fiesta con signifi-
35 cado religioso está el 6 de enero, día de los
Reyes. El cinco de enero, por la noche, los
niños ponen sus zapatos en la ventana
esperando los regalos que los "reyes

Semana Santa
Holy Week
vestidos de romanos
antiguos *dressed like*
ancient Romans

Navidad *(f) Christmas*

Nochebuena
Christmas Eve
turrón *(m) candy similar*
to nougat or almond
paste
sidra *cider, sparkling*
apple wine
pan dulce de Navidad
(m) Christmas
fruit bread
infaltables *never missing*
hogares *(m) households*
lechoncito asado
roasted piglet

día de los Reyes *(m)*
Epiphany

reyes magos *(m) Three*
Kings, magi

magos" traerán al día siguiente. También
hay varias fiestas dedicadas a la Virgen,
como la del 15 de agosto (día de Nuestra
Señora de la Asunción) o la del 8 de
5 diciembre (día de la Inmaculada Concep-
ción). Éstas ejemplifican el valor y el papel
importante que tiene la madre en la
cultura hispánica.

Sin embargo, las fiestas que representan
10 mejor el carácter y el modo de vivir de la
gente hispana son, probablemente, las que
corresponden al día del santo patrón (o   santo patrón *patron*
santa patrona). Todo país, ciudad o pue-   *saint*
blo, por pequeño que sea, tiene su patrón   por pequeño que sea
15 protector. A él o a ella se encomienda el   *no matter how small*
éxito de la cosecha, la cura de un enfermo   *it is*
o la solución de cualquier problema. Cada   se encomienda
año, cuando llega esta fecha, la gente del   *is entrusted*
lugar se lanza a la calle para celebrar con cosecha *harvest*
20 alegría unas festividades que a veces pare- se lanza a *stream into*
cen guiadas por el más sincero fervor re-
ligioso y otras por el más salvaje paganis- salvaje *savage*
mo. Así, es muy posible ver a una misma
persona en la iglesia por la mañana, en la
25 pelea de gallos o corrida de toros por la   pelea de gallos *cockfight*
tarde y en el baile de la plaza mayor—   corrida de toros *bullfight*
donde el alcohol corre como el agua—por
la noche.

Una de las fiestas españolas más célebres
30 y mencionadas por los extranjeros es la de
San Fermín, inmortalizada por Ernesto
Hemingway en su novela *The Sun Also
Rises.* Desde el 6 de julio hasta ocho días   vorágine *(f)* *whirlpool*
más tarde, la ciudad de Pamplona, situada   polvo *dust*
35 al norte de España, presencia una vorágine cohetes *(m)* *firecrackers*
de música y de gente, de polvo y de   mugidos de toros
cohetes, de mugidos de toros y del olor   *bellowing of bulls*
embriagador del vino que pasa incesante-   embriagador
                                                 intoxicating

mente de la bota a la garganta. En esos
ocho días la ciudad se multiplica de gente.
Allí llegan personas de todas partes de
España y del resto del mundo. No debe
5 sorprendernos ver a la elegante señora
inglesa junto a la humilde criada española,
o al joven navarro de camisa blanca y
pañuelo rojo junto al rubio americano
cuyo suéter—con su inscripción de
10 "University of Illinois"—descubre su
calidad de turista.

De todos los eventos en la fiesta de San
Fermín, el que más atrae al público es, sin
duda, el encierro.

15 Son cerca de las siete de la mañana. Las
intersecciones de la calle por donde van a
pasar los animales ya están valladas. La
gente busca el mejor lugar desde donde
presenciar el espectáculo. Unos, los·afor-
20 tunados, se instalan en el balcón de sus
casas; otros, los ágiles, suben a lo alto de
los árboles. Los que se levantan muy
temprano pueden verlo a través de las
vallas, y los más valientes . . . ¡ah! éstos
25 sí que tienen la mejor localidad: delante
de los toros.

A las siete en punto un solo cohete
señala la salida de los toros. En unos pocos
minutos van a recorrer la distancia desde
30 la estación del ferrocarril hasta la Plaza
donde serán toreados esa misma tarde,
creando miedo, confusión, y a veces
tragedia entre esos jóvenes valientes que
los esperan a la salida.

35 Al oír el cohete, los muchachos, inquietos y ansiosos, miran hacia la primera
vaquilla mansa que guiará al resto. Aquella
masa de jóvenes, al ver los peligrosos

de la bota a la garganta
*from the leather wine
bag to the throat*

criada *maid*

navarro *from
Navarre, Spain*

pañuelo *neckerchief*

encierro *the running
of the bulls*

valladas *fenced,
enclosed with stakes*

a través de las vallas
through the barricades

salida de los toros
bulls' being set loose
recorrer *to travel*
ferrocarril *(m) train*
serán toreados
will be fought

inquietos *restless*

vaquilla *small cow*
mansa *tame*

cuernos del primer toro que sigue a la inofensiva vaca, empiezan a correr, volviendo la vista sólo para medir la distancia entre ellos y los toros. Y los toros, con
5 cada segundo que pasa, aumentan la velocidad de su carrera. Ya nadie puede detener su empuje al aproximarse peligrosamente a aquellos jóvenes que corren delante. Por eso, cuando casi sienten los
10 cuernos encima de ellos, se desvían hacia la valla salvadora, o se tíran al suelo esperando que el toro pase de largo, o caen empujados por los otros muchachos que vienen detrás, o aún peor, por el golpe de
15 un toro. Si el muchacho tiene suerte, el golpe es leve y sólo va a dejar un pequeño dolor por unos días. Otras veces— pocas—el muchacho no tiene tanta suerte y la cornada que recibe del toro puede
20 dejarle una marca toda su vida. Alguna rara vez, si la mala suerte es extrema, la cornada puede costarle la vida. Pero todos estos pequeños o grandes accidentes no impiden que otros prueben su valentía
25 año tras año delante de aquellos animales.

Mientras tanto, las muchachas, a quienes no se les permite correr en el encierro, observan orgullosas y temerosas al novio que corre delante del toro, o
30 piensan, quizás, en lo tonto o peligroso del espectáculo. Otras, a quienes no les interesa esa aparente muestra de machismo, buscan por las calles próximas al encierro algún tipo diferente de diversión.
35 Empiezan a cantar, "Uno de enero, dos de febrero, tres de marzo, cuatro de abril, cinco de mayo, seis de junio, siete de julio: San Fermín. A Pamplona hemos de ir, a

---

cuernos *horns*
volviendo la vista
  looking back
medir *to measure*

empuje al aproximarse
  push, shove, upon going near

encima de *over*
se desvían *turn away*
valla salvadora *safety barricade*
se tiran al suelo *throw themselves to the ground*
pase de largo *will go past*
aún peor *even worse*
golpe *(m)* *blow, pushing*
cornada *thrust with a bull's horn*

prueben su valentía
  prove their valor

mientras tanto
  in the meantime

quizás *perhaps*

hemos de ir *we must go*

Pamplona hemos de ir, con una bota y un calcetín." Se alejan confundiéndose su canto con el ruido de la gente, de las voces, y de la música.

5   Días más tarde, todo es un recuerdo, un sueño, una pesadilla agradable que se repite todos los años. Pero en el alma de los participantes extranjeros queda la sensación viva de que el pueblo hispano
10 sabe disfrutar de la vida, cuando la ocasión se presenta, de una manera activa, despreocupada, llena de luz y de alegría.

calcetín *(m)* *sock*
se alejan *they move away*

días más tarde *days later*
recuerdo *memory*
pesadilla agradable *pleasant nightmare*
alma *(m)* *soul*
queda *remains*

disfrutar *to enjoy*
despreocupada *uninhibited*
llena de *full of*

EJERCICIOS

I

A. Choose the word that does not belong in each of the following groups.

1. ferrocarril / tren / autobús
2. toro / vaca / salvaje
3. saborear / hogar / casa
4. paganismo / turrón / pan dulce
5. sueño / luz / pesadilla

B. Choose the two words that are opposite in meaning in each of the following groups.

1. salvaje / exquisito / manso
2. descanso / actividad / fiesta
3. ansioso / tranquilo / alegre
4. aproximarse / reunirse / alejarse
5. despreocupado / temoroso / silencioso

II

Write the adverb ending in **-mente** *corresponding to each of the following adjectives.*

1. probable: *probablemente*
2. anterior: _____
3. incesante: _____
4. peligroso: _____
5. inmediato: _____
6. práctico: _____
7. general: _____
8. posible: _____

III

According to the text, which of the following statements are true:

1. Cuando los extranjeros presencian una fiesta hispánica reaccionan negativemente.

65

2. En las festividades patronales la gente se queda en casa porque no le gusta el ruido.

3. Pamplona es un pueblo pequeño situado al sur de México.

4. En las fiestas de San Fermín las personas presencian una procesión religiosa en la que participan "romanos".

5. Hoy día las mujeres han logrado que se les permita correr en el encierro.

6. El padre Miguel de Hildago inició el movimiento de la independencia mexicana en 1810.

7. En los países hispanos es costumbre dar juguetes a los niños el 6 de enero, día de los "reyes magos".

8. En España e Hispanoamérica toda ciudad o pueblo tiene su patrón protector.

9. Una de las fiestas mexicanas más célebres es la de San Fermín en la ciudad de Pamplona.

10. La fiesta de San Fermín dura unos ocho días.

IV

Answer in Spanish.

1. ¿Quién fue Miguel de Hidalgo?

2. ¿Qué se celebra en México el 16 de septiembre?

3. ¿En qué época del año se ven procesiones de hombres vestidos de romanos antiguos?

4. ¿Qué hacen generalmente los hispanos el 24 de diciembre? ¿Y el 25?

5. ¿Cuándo se celebra el día de los "reyes magos"?

6. ¿Dónde ponen los niños sus zapatos la noche del 5 de enero?

7. ¿Por qué tienen importancia las fiestas dedicadas a la Virgen?

8. ¿Qué es un "santo patrón"? ¿Cuál es su importancia?

9. ¿Cuándo y dónde se celebra la fiesta de San Fermín?

10. ¿En qué novela de Hemingway se describe la fiesta de San Fermín?

11. ¿Quiénes participan en el "encierro"?

12. ¿Participan varios toros o sólo uno en ese deporte?

13. ¿Se permite a las mujeres correr en el encierro?

14. ¿Hay a menudo accidentes graves en el "encierro"?

Voces del mañana

10

En este libro hemos hecho referencia a
ciertos cambios y posibilidades de cambio
que están ocurriendo en el mundo hispánico. Por ejemplo, hay un progresivo
5 desarrollo industrial, con nuevos métodos
e ideas, que resulta en una doble serie
de transformaciones: económicas y culturales. En un capítulo anterior hemos
observado que la presencia de una nueva
10 clase media en las grandes ciudades se
debe, en parte, a los mejores sueldos de los   sueldos *salaries*
obreros industriales en los últimos años.
   También debemos reconocer el gran   reconocer *recognize*
impacto que han tenido los métodos
15 modernos de comunicación y transporte
en la cultura hispánica. La televisión
difunde en los rincones más remotos del   difunde *broadcasts*
mundo hispánico la forma de ser y de
pensar de otras gentes. El avión jet cons-
20 tantemente llega a países hispanos llevan-
do personas de todas partes del mundo.
Un intercambio cultural e ideológico es
natural e inevitable; lo que antes parecía   lo que *what*
lejano e imposible hoy día nos parece más   lejano *far away*
25 próximo y posible.   próximo *close,*
                                                       near at hand

Pero, por otra parte, el hispano es tradicional y conservador por naturaleza. Observa otras culturas con una mentalidad inquisidora, resiste el cambio y no
5 acepta fácilmente las sugerencias beneficiosas que le vienen de afuera. Por eso los cambios son lentos y penosos. Pero los aires reformadores de otras culturas, aunque no llegan con violencia hura-
10 canada, se van sintiendo como brisa persistente que deja su marca en campos donde la tierra es fértil y está preparada para la aceptación de nuevas ideas.

No proponemos, ni mucho menos, que
15 se abandonen aquellos principios básicos espirituales tan necesarios en períodos de gran transformación. Al contrario, el respeto hacia los padres, la afinidad familiar, la lección del pasado, la intimidad
20 amistosa, el amor a la patria, el apego a las tradiciones folklóricas, las creencias religiosas son todos valores esenciales para obtener un cambio positivo, beneficioso y duradero. Hay que lograr las reformas
25 políticas, sociales y económicas sin sacrificar los valores tradicionales del pueblo hispano.

Creemos en el entusiasmo y la voluntad de la gente joven. Presentimos que la
30 mayor esperanza de lograr reformas políticas, sociales y ecónomicas se halla en la nueva juventud hispánica. Son muchas las tareas a realizar y algunas muy desafiantes. La abolición de la pobreza, de la
35 desnutrición y de la mortalidad infantil es uno de los objetivos principales para las futuras generaciones. La preparación de aquellos que aun no han tenido la

por otra parte *on the other hand*
por naturaleza *by nature*
inquisidora *inquisitive, analytical*
sugerencias *suggestions*
beneficiosas *beneficial*
de afuera *from the outside*
penosos *painful*
huracanada *of hurricane strength*
se van sintiendo *are felt*
brisa *breeze*
marca *impact, mark*
campos *fields*
no proponemos *we do not propose*
ni mucho menos *by any means*

afinidad *(f) closeness*

amistosa *friendly, of friends*
apego *attachment*

duradero *lasting*
lograr *achieve*

voluntad *(f) will*
presentimos *we sense*

se halla *is found*

tareas *tasks*
desafiantes *challenging*

educación pública a su alcance es otra meta importante. Hay que establecer igualdad de derechos entre las razas, los sexos y las clases sociales. Y no sólo el

5 pueblo en general sino también aquellos en posiciones privilegiadas deben apoyar en lo posible todo programa para lograr estas metas.

Si queremos lograr un mundo mejor,

10 más armonioso, debemos sugerir más que imponer; hemos de dar más que quitar.

a su alcanze
their grasp
meta *goal*
derechos *rights*

en lo posible *as muc*
as possible

imponer *impose*
hemos de *we must*
quitar *take*

...at does not belong in each of the following groups.

...allo / radio
... / cambios / transformaciones
... / apego / lejano
...ad / social / intimidad
...tivo / meta / desafiante

...oose the two words that are opposite in meaning in each of the following groups.

1. dar / aceptar / imponer
2. egoísta / simple / difícil
3. quitar / dar / lograr
4. lento / conservador / rápido
5. antes / para / después

II

Write two or more words (nouns, adjectives, adverbs, or verbs, past participles or present participles) that have a common root with each of the following words (e.g.: tradición: tradicional, tradicionalista, tradicionalmente)

1. conocer: _____ _____ _____
2. idea: _____ _____ _____
3. fácil: _____ _____ _____
4. cambio: _____ _____ _____
5. observación: _____ _____ _____
6. negativo: _____ _____ _____

III

According to the text, which of the following statements are true?

1. Gracias a la televisión, hoy día conocemos mejor la forma de ser y de pensar de gentes de otros países.

2. Una persona hispánica es, por naturaleza, tradicionalista y conservadora.
3. Para lograr cambios más efectivos es necesario abandonar todos los principios tradicionales.
4. Si quisiéramos determinar qué cambios son necesarios para ayudar a otras personas o culturas, deberíamos estudiar y sugerir y no imponer sin consultar.
5. El intercambio cultural e ideológico entre los países hispanos y el resto del mundo es hoy día mucho menor que hace cien años.

IV

Answer in Spanish.

1. ¿A qué se debe, en parte, la presencia de una nueva clase media en las grandes ciudades hispánicas?
2. ¿Qué métodos de comunicación y transporte contribuyen a un intercambio cultural e ideológico en el mundo hispánico?
3. ¿Son rápidos los cambios en los países hispanos?
4. ¿Qué clases de principios debemos conservar en períodos de gran transformación? ¿Podría nombrar algunos de esos principios?
5. Según el autor, ¿en que se halla la mayor esperanza de lograr reformas políticas, sociales y ecónomicas?
6. ¿Cuáles son algunos de los objetivos principales para las futuras generaciones, según el autor?
7. ¿Qué deben hacer aquellos en posiciones privilegiadas?

Vocabulario

adv	adverb	*n*	noun
adj	adjective	*prep*	preposition
coll	colloquial	*pron*	pronoun
conj	conjunction	*rel*	relative

A

a to, at; **a pesar de** in spite of; **a partir de** starting; **a través de** through

abajo down, below; underneath

abiertamente openly

el **abismo** abyss; gap

la **abnegación** self-denial

el **abogado** lawyer

abril April

abrir to open; **abrirse** to open; to crack

el **abuso** abuse

acabar to finish, end; **acabarse** to run out of, to be finished; **de** + *inf* to have just

el **acceso** access

acecho lying in ambush; in wait; **en acecho (de)** on the outlook (for), watching

el **aceite** oil

aceptar to accept

la **acera** sidewalk

el **acontecimiento** event

acostarse to go to bed, to lie down

la **actitud** attitude, position; posture

la **actividad** activity

actuar to act

el **acuerdo** agreement, accord; **ponerse de acuerdo** to come to an agreement

la **aculturación** acculturation; to become part of

adelantar to advance; **adelantarse** to come forward

adelante forward, ahead

además moreover, besides, furthermore; **además de** aside from

admirar to admire

la **adquisición** acquisition

la **afinidad** affinity, relationship; kinship

afortunado fortunate, happy

agasajar to treat kindly; to honor

ágil agile, ready, fast

agitar to agitate, to stir, shake

agradable agreeable, pleasant

aguantar to endure, to bear, to
  tolerate; **aguantarse** to forbear
ahora now; **ahora mismo** right now
el ahorro saving
al *contraction of* a *and* el of the;
  al + *inf* upon; **al cabo del día**
  at the end of the day
alcanzar to obtain, to acquire, to
  attain, to reach, accomplish
la alegría joy, happiness
alejar to remove to a distance; to
  put off; **alejarse** to go away, to
  draw away
alemán *adj and n* German
algo something, anything; *adv*
  rather, somewhat
alguien someone, somebody
algún, alguno any, some, someone
la alianza alliance
alimenticia nutritious
el alimento nourishment
el alma soul
el almacén store
alrededor around; **alrededor de**
  about, around
alrededores environment; outskirts
alto high, elevated
allá *adv* there; **más allá** beyond
la ambición ambition
ambos both
el amigo friend
la amistad friendship
amoldar to mold
amontonar to heap, to pile up
el amor love, devotion
el analfabetismo illiteracy
analizar to analyze
anciano old
anglosajón *adj and n* Anglosaxon
anhelante anxiously; in longing
el anillo ring
el ánimo spirit, courage, mind
el antepasado ancestor
anterior preceding, previous
antes before, earlier; **antes (de) que**
  before
antiguo old, ancient; former
el antropólogo anthropologist
anual annual
anunciar to announce

el anuncio commercial
aparecer to appear, seem
aparente apparent, not real
la apariencia appearance
apartar to separate, to withdraw,
  to remove
el aparato apparatus, appliance
la apatía apathy
el apego attachment
apoyar to rest or support (on);
  apoyarse (en) to lean on;
  apoyarse to be supported
el apoyo support
aportar to contribute, to bring
apreciar to appreciate
aprender to learn
aproximarse to approach, to move
  near
aquella that
el árbol tree
árida arid, dry, barren
la armonía harmony
arraigar to root, to take root
arraigados rooted
arriba above, up, upstairs; **los de
  arriba** *coll* the elite (upper class)
la arrogancia arrogance
el arroz rice
el artículo article
ascender to climb; **ascender a**
  to amount to
asegurarse to make oneself sure
así so, thus, in this manner, in that
  way; like that
el asiento seat
asociarse to associate
asomarse to appear; to show;
  asomarse a to look out of; to
  lean out of
el asombro amazement,
  astonishment
asuntos affairs, matter, business,
  issue
la atadura tie, bind
aterrorizar to frighten
atractivo attractive
atraer to attract, to draw to
  something, to allur
atrás behind, back; backward
aumentar to increase

el **aumento** increase
aun still, even; **aún** yet, still;
  aún cuando even if
aunque *conj* although, though
la **ausencia** absence
el **automóvil** automobile
la **avenida** avenue
averiguar to inquire
el **avión** airplane
la **ayuda** assistance, help
ayudar to help
azar to chance
azul blue

B

el **baile** dance
bajar to descend, go down, to bring
  down; to lower
el **balcón** balcony
el **banco** bench, bank
el **bandido** bandit
barato cheap, inexpensive
bastar to be enough, to suffice
la **bebida** drink
la **belleza** beauty
besar to kiss
el **bigote** mustache
blanco white, fair
la **boca** mouth
la **boda** marriage; wedding
la **bolsa** purse, bag
la **bota** small leather winebag
el **brazo** arm
brillar to shine, to sparkle
la **brisa** breeze
Bruselas Brussels
el **bullicio** bustle, stir, noise
burocrático bureaucratic
el **burro** donkey
buscar to look for, search, to seek;
  to call for (a person), to get

C

la **cabeza** head
cada each, every; **cada cual**
  each one

caer to fall
el **calcetín** sock
calculador calculator
el **calendario** calendar
calificar to qualify
callar(se) to keep silent; to stop
  talking
la **calle** street
el **cambio** change
caminar to walk, to advance, move
  along
la **camisa** shirt
el **campesino** countryman
el **campo** field, countryside
el **candado** lock
el **cansancio** weariness, fatigue
cantar to sing
la **cantidad** quantity
el **canto** song
capaz capable
copiar to copy
el **capítulo** chapter
la **cara** face
el **carácter** character
carecer to be in need, to lack
carente lacking
la **carrera** race
la **carta** letter
el **cartón** cardboard
la **casa** home, house
casar to marry; **casarse** to marry,
  get married
la **casera** domestic
casi almost
el **caso** case, occurrence
castellana Castilian, Spanish
  (language)
la **casualidad** circumstantial
la **casucha** miserable hut
católica Catholic
cautivar to captivate, to charm
ceder to yield, to give in; to give
  away
celebrarse to celebrate
célebre famous
celoso jealous
el **censo** census
cerca near, close
cercano close by, next to, adjoining
cerrar to close, to shut

cesar to cease
ciento one hundred; por ciento
  percentage
cierta certain
la cifra number
el cinismo cynicism
citar to cite, quote
la ciudad city
claro clear
el cochecito little cart, baby carriage
el cohete firecracker
la cola tail; en cola in line
el colonizador colonist
comentar to comment
la comida food
el comité committee
como as; cómo how?
el compadraje companionship
el compadre pal, buddy
el compañero companion
compartir to compart, divide
complejo complex
comprar to buy
comprender to understand
común common
comunal common
conceder to concede, to agree
el concepto concept
el conciudadano fellow citizen
condescender to condescend
condescendiente complacent
conducir to convey
la conducta conduct, behavior
la confianza confidence
confiar to confide, to trust
confundirse to get confused, to
  become mixed
la confusión confusion
el conjunto unit, party
conmemorar to commemorate
conocer to know
el conocimiento knowledge
la consecuencia consequence
conseguir to acquire, to get
el consejo advice
constituir to constitute
la consumición an invitation to
  drink
consumir to consume, to finish
contar to tell, to count

continuamente continually
la continuidad continuity
contra against
contrario contrary; al contrario
  on the contrary
contribuir to contribute
controlar to control
convencer to convince
la conveniencia convenience
convertirse to convert (oneself),
  to become
la corbata tie
la cornada thrust with a bull's horn
la corona crown
correr to run
corresponder to correspond
la corrida race
corriente current, average
corto short
la cosecha harvest
costar to cost
la costumbre custom, habit
cotidiana daily
crear to create, to make
crecer to grow
la creencia belief
creer to believe, to think
la criada servant
criar to raise, rear; se crió he
  grew up
cruzar to cross
la cuadra block (of street)
cuál which one? what?
la cualidad quality
cualquiera pron anyone; whoever;
  cualquier adj any; a cualquiera
  whomever
cuando when
cuanto rel adj and pron all the, as
  much as, all that
cubano adj and n Cuban
la cuenta account
cuente command of contar
el cuerno horn
cumplir to execute, to accomplish
el cuñado brother-in-law
curar to cure, to heal
curioso curious
el curso course, class
cuyo of which, of whom, whose

D

dar to give
darse cuenta de to realize
de of, from, by, to; de todos
  modos anyway
dé command of dar
debajo below
deber to owe, ought to
la debilidad weakness
decente decent
dedicarse to dedicate
dejar to leave, to let
delante de in front of
delicioso delicious
la demanda demand
demasiado excessive, too much
demostrar to demonstrate, to prove
deportivo pertaining to sport;
  página deportiva sports page
el derecho right
derivar to derive, to come from
desafiar to challenge, dare
el desafío challenge
desagradable disagreeable, unpleasant
el desagrado harshness, displeasure
desaparecer to disappear
el desarrollo development
descansar to rest
el descanso rest
desconocer to ignore, not to know
el descubrimiento discovery
descubrir to discover
desde prep from, since
desear to want, desire
el deseo desire
la desgracia misfortune
el designio design
deslumbrador dazzling, brilliant
después after, afterwards
destacar to make known; destacado
  well known
el destino destiny
destrozar to destroy
desviar to divert from right away,
  to lead off
el detalle detail
detenerse to stop
detestar to hate, detest
detrás behind

diariamente daily
dichas said
digno worthy, deserving
dinámico dynamic
el dinero money
dirigir to direct; dirigirse to go
  towards
el dirigente leader
discretas discreet
el discurso discourse, speech
discutir to discuss
disfrutar to enjoy
dispararse to shoot, to let off
la disposición disposition
distinta distinct, different
la diversidad variety
la diversión diversion, sport
el dolor pain
dondequiera anywhere
el dramaturgo playwright
la duda doubt
duradero lasting
durante during
durar to last
duro hard

E

la edad age
educar to educate
efectuar to effect
la eficacia efficacy
egoísta selfish
elegir to choose, to elect
emanar to proceed from
emancipada emancipated
embriagar to intoxicate
emerger to emerge, to come to the
  surface
emotividad emotions
el empleado employee
el empleo job
la empresa business
el empresario manager
empujar to push
el empuje push
en in, into; on; at; during; en
  cambio on the other hand;
  en el fondo in the final analysis

encabezar to lead

encaminarse to guide (oneself), to direct (oneself), to go towards

encargado supervisor, foreman

el encierro the running of the bulls

encima de over, on top of

encoger to draw together; encogidas drawn together

encontrar to find, to meet; encontrarse to find oneself

el enemigo enemy

la enfermedad illness

el enfermo sick

enero January

enfrentarse to face

engañar to deceive

ennoblecimiento ennoblement, to make noble

enseguida right away

la enseñanza teaching

enseñar to teach, to show

el ente entity, being

entender to understand

el entendimiento understanding

enterar to inform

entrar to enter; entrar en contacto to deal with

la entrada entrance

entre between, among

la entrega delivery

entregar to deliver

entremeterse to put one thing between others, butt in

entretenida entertaining, pleasant

entrevistarse con to get an interview with

el entusiasmo enthusiasm

el equipo equipment, team

equitativa just, honorable

la escala scale

escapar to escape

la escena scene

la esclavitud slavery

esconder to hide

el escritor writer

escuchar to hear, listen

la escuela school

esforzarse to exert oneself, to try hard

el esfuerzo effort, strong endeavor

el espacio space

el espectáculo show

esperar to wait for, to expect

la esperanza hope

esplendorosamente splendidly

espontánea spontaneous

la esquina corner

establecer to establish

la estación station

la estadística statistics

el estado state

el estampido explosion

estar to be (location); no estar dispuesto not to be ready

estático statics

el estilo style

estimar to estimate, to value

el estoicismo stoicism

la estratificación stratification

estrechar to shake

el estudiante student; estudiantas female students

estudiar to study

la etapa stage

étnicas ethnic

evitar to avoid

exasperar to exasperate

la exigencia exigence, demand

exigir to require, to demand

existir to exist, to be

el éxito success, termination, end

explicar to explain

explotar to exploit

exponer to expose

exportar to export

el extranjero stranger, foreigner

extender to stretch, to expand

extrañar to admire, to wonder, to miss

extraño foreign, strange

el extremo extreme

F

la fábrica factory

la faceta facet, aspect

fácil easy

falso wrong, false

faltar to lack

falto lacking
la fantasía fantasy
fastidiosa fastidious, annoying
febrero February
la fecha date
la felicidad happiness
el ferrocarril train
fértil fertile
el fervor fervour, warmth
el festejo feast
la festividad festivity
fieles faithful
la fiesta feast, festivity
la figura figure
fijar to fix
la flor flower
fomentar to foment, to patronize
el forastero stranger
formar form
el fracaso failure
el frío cold
fuera outside
fuerte strong
la fuerza strength, force
fumar to smoke
el futbolista soccer player

G

galantear to pay compliments (to a lady)
el gallo rooster
gastar to spend
la garganta throat
la generosidad generosity
la gente people
el gesto gesture
girar to turn around, to hurdle
gobernar to govern
el gobierno government
el goce enjoyment
el golpe blow
gracias thanks
el grado degree, grade
el grupo group
el guante glove
guiar to guide
gustar to like, to please
el gusto taste

H

haber there to be
la habilidad ability
habitantes inhabitants
habitar to inhabit
hablar to talk, to speak
hacer to make, to do
hacia towards
halagador flattering
hallar to find
hasta ahora until now
la hoja de lata tin can
hay there is, there are
hechos made, done
la herencia heritage, inheritance
hermanar to harmonize, to make
two people brothers or sisters (in a spiritual way)
el héroe hero
el hijo son
hispanos adj and n Spanish, related
to the Hispanic world
hispanoparlante Spanish speaking
historiadores historians
el hombre man
la hombría manly
el hombro shoulder
honrosa honorable
la hora hour
hoy día nowaday
la huella track
humilde humble
huracanada of hurricane strength
or quality; powerful

I

identificar to identify
ideológico idealogical
la iglesia church
la ignorancia ignorance
ignorar to ignore
la igualdad equality
iguales the same, equal
igualmente equally
ilustrar to illustrate, to show
la imagen image
imaginarse to imagine

impedir to impede, to hinder,
  to prevent
imponer to put upon, to impose
importar to import, to matter;
  no importa it doesn't matter
imprescindibles necessary
inaugurar to inaugurate
incitar to incite, to challenge
incluso even
incompatible incompatible
inconcebible inconceivable
el incremento increase
inculcar to inculcate, to make one
  thing crystal clear
indecoroso indecent
indicar to indicate
el índice index
indígena native
indio adj and n Indian
inesperado unexpected
inexplicable unexplainable
influir to influence
la ingeniería engineering
inglés adj and n English
la inflación inflation
iniciar to initiate
inmemorables immemorable
inmortalizar to immortalize
inmutable unalterable
innato innate; born with
la innovacíon innovation
inofensiva inoffensive
inquebrantable unbreakable,
  unyielding
inquietos restless
la inquietud inquietude, restlessness,
  uneasiness
inquisidora inquisitive
inscrito registered; engraved
insolente insolent, fresh
íntegra entire, complete; honest
intentar to try, attempt
intercambiarse to interchange
interesar to interest, to concern
inútil useless
invasores invaders
la inversión inversion
ir to go
irrealizable unrealizable
izquierda left

J

la jerarquía hierarchy
Jesucristo Jesus Christ
joven young
el juego game
el juguete toy
julio July
junio June
la junta congress, assembly
junto near
juntos united
el jurado jury

L

el labio lip
la labor task; job, work
laboral relative to work
el lado side
lanzar to throw
latifundista related to the owner-
  ship of large estates
el lazo tie, bond
la leccíon lesson
la lechuga lettuce
leer to read
lejano distant
lejos far
lento slow
lentamente slowly
la letra letter (a character of
  the alphabet)
leve light
la ley law
libre free
el libro book
la licencia license, permit
la lista list
la localidad locality
loco crazy
lograr gain, obtain
luchar to fight
la lucha struggle, fight
luego then
el lugar place
lugareñas belonging to a village
el lujo luxury
lujoso luxurious

Ll

llamar to call, to name; **llamar la atención** to call to one's attention
llegar to arrive
llevar to take, to carry, to wear

M

el **machismo** male attitude of self-imposed superiority and strength
la **madrugada** early morning
madrugar to rise early
el **mal** harm; *adj (used only before masculine names)* bad
mañana tomorrow
manejar to drive
mansa tame
mantener to maintain, to support
marcar to mark
marcadamente notably
el **marianismo** female attitude of self-imposed suffering and submission in married life
el **marido** husband
marzo March
la **máscara** mask
la **masa** mass
matarse to kill (oneself)
el **matrimonio** marriage, matrimony
mayo May
mayor greater, older
la **mayoría** majority
el **mecanismo** mechanism
el **médico** doctor
media middle; half
los **medios** means
mejor better
el **mejoramiento** improvement
mencionar to mention; **mencionadas** mentioned
menos less
el **mensaje** message
la **mentalidad** mentality
la **mente** mind
la **mentira** lie
merecer to merit, to deserve
la **mesa** table
mestizo crossbreed between a white person and an Indian person

la **meta** goal
meter to place, put in
metodológico methodological
el **método** method
el **metro** meter
mexicano *adj and n* Mexican
mezclar to mix; mingle
el **miedo** fear
miembros members
mientras in the meantime; **mientras tanto** meanwhile
millares thousands
mimar to spoil, pamper
la **minoría** minority, a small number
la **mirada** glance
mirar to look, watch, observe
la **misa** mass (church), the service of the Roman Church
mismo same; **misma** same
el **modo** mode, manner
la **moneda** coin
monetarias monetary
la **montaña** mountain
morir to die
el **mostrador** counter
mostrarse to show
mover to move; **movido** moved
el **muchacho** boy
la **muchedumbre** multitude
la **muerte** death
mugidos bellowing of a bull
la **mujer** woman
multiplicarse to increase, to multiply
el **mundo** world
la **muñeca** doll
mutuamente mutually
mutuo mutual

N

nacer to be born
el **nacimiento** birth
nada nothing
nadie nobody
natal native, natal
la **naturaleza** nature
la **Navidad** Christmas
la **necesidad** necessity

necesitar   to need
negar   to deny
negarse   to refuse oneself
negativamente   negatively
el negocio   business
negro   black
nervios   nerves
el nerviosismo   nervousness
ni   nor; ni aun cuando   not even
   when; ni mucho menos   not at all;
   ni por asomo   not in the least
el niño   child
el nivel   level
la noche   night
el nombre   name
notar   to realize
notable   distinguished, prominent
la novia   sweetheart, fiancé, bride
el novio   a man betrothed to a
   woman
nuevo   new

O

la obra   work
obligar   to obligate, to compel
el obrero   worker
obstante   withstanding; no
   obstante   nevertheless
obvia   obvious
ocasionar   to cause
ociosos   leisures, freedom from
   business
ocultar   to hide
ocurrir   to happen
el odio   hate, dislike
el oeste   West
ofender   to offend, insult
la oficina   office
ofrecer   to offer
oir   to hear
el ojillo   little eye
la oliva   olive
el olor   odor
olvidar   to forget
oponer   to oppose
oprimir   to oppress, to press, to push
el orgullo   pride
el origen   origen

la oscuridad   darkness
oscuro   dark
otros   others

P

pacientemente   patiently
padecer   to suffer
el padre   priest, father
el padrino   godfather
la paella   rice and chicken dish
   originating in Valencia, Spain
el pagador   payer
la página   page
el pago   payment
el país   country
la palabra   word
palpitar   to palpitate
el pan   bread
el pañuelo   handkerchief
el papel   role; paper
paradójico   paradoxical
parecer   to seem, appear; to look
   like
la pared   wall
el partido   party (political)
el pasado   past
el pasajero   passenger
el pasaporte   passport
pasar   to pass
el paso   step
la patente   patent
la patria   country
el patrimonio   patrimony
el patrón   patron
el patrono   boss
paulatinamente   slowly
el pecho   chest
pedir   to ask, to ask for
la pelea   fight, battle
pelear   to fight, struggle
la película   film, movie
el peligro   danger
peligroso   dangerous
la pena   sorrow, grief
penitentes   penitents
penoso   painful
pensar   to think

el **peón** worker (migrant)
peor worse
pequeño small
perder to lose
la **pérdida** loss
perdonar to forgive, to pardon
perdurable everlasting
perdurar to last long, endure
la **pereza** laziness
perezoso lazy
el **periódico** newspaper
el **perjuicio** harm
permitir to permit, allow
persuadir to persuade
pertenecer to belong to
pertenecientes belonging
la **pesadilla** nightmare
el **pie** foot
la **piedad** piety, compassion
la **piel** skin
la **pierna** leg
pintar to paint
el **piropo** flattery, compliment
  (usually to a woman)
el **plato** plate, dish
la **plazuela** small square, plaza
  or park
la **pluma** pen
pobre poor
poco little, few, small
el **poder** power
poder *(v)* to be able, can, may
poderoso powerful
el **polvo** dust, powder
el **pollo** chicken
por by, through, for; **por ciento**
  percentage; **por desgracia** unfortunately; **por ejemplo** for example;
  por eso therefore, for that reason;
  por favor please; **por fin** finally,
  in short; **por lo menos** at least;
  por lo tanto therefore; **por medio
  de** by means of; **por otra parte**
  on the other hand; **por suerte** fortunately; **por supuesto** of course;
  por un momento for one minute
por que so that
por qué why, reason
porque because
poseer to possess, to have

preconcebir preconceive
predominante predominant
preguntar to ask
prendas garment
preocuparse to preoccupy
la **presa** capture, seize, catch
presenciar to be present, to witness
prestar to lend
prevalecer to prevail
el **primero** first
el **primo** cousin
el **principio** beginning; principle
el **privilegio** privilege
probar to try, to taste
la **procedencia** derivation, origin
procedentes set out; proceeding
  from
proceder to proceed, go on
la **procesión** procession
procurar to attempt
el **producto** product
profundizar to dig deep
promulgar to promulgate, to
  proclaim
la **prontitud** promptness
pronto soon
pronunciar to pronounce, to utter,
  articulate
propagar to promote
el **propietario** proprietor, owner
propio one's own, belonging to
  anyone
proponer to propose
proporcionar to proportion, to
  supply
el **propósito** purpose
el **prostíbulo** house of prostitution
el **provecho** benefit
el **próximo** nearest, neighbor,
  next to
la **prueba** test
psiquiatra psychiatrist
el **pueblo** town
la **puerta** door
puertorriqueños *adj and n* Puerto
  Ricans
el **puesto** position
el **punto** point
la **puntualidad** punctuality
pura pure

Q

el **quehacer** chore
la **queja** complaint
quien who
quitar to take away, remove
quizá perhaps; **quizás** perhaps

R

la **raíz** root, base, foundation
la **rama** limb
la **ranchera** ranch (pertaining to)
rápido fast
raro rare, strange
el **rasgo** characteristic, trait
rayar to draw lines, to scratch
la **razón** reason
reaccionar to react
reacio obstinate, stubborn
reafimar to reaffirm
la **realidad** reality
reclinar to recline
recibir to receive
recoger to gather, to collect
reconocer to examine closely,
  to recognize
recordar to remind, to recollect,
  remember
recorrer to travel
rechazar to reject
el **reflejo** reflex
el **regalo** present, gift
la **regla** rule
regresar to return
la **reina** queen
reir to laugh
relajar to relax
relatar to relate, to narrate
relieve relief
relucientes relucents, shining
rellenar to refill, to fill in, to stuff
el **remedio** remedy
remoto remote
renegar to deny, to detest
repetirse to repeat
requerir to require
resentido angry, resentful
residir to reside

respetar to respect
el **respeto** respect
la **responsabilidad** responsibility
la **respuesta** answer
el **resto** remainder
resultar to result
reunirse to reunite, to get together
la **revista** magazine
el **rey** king
reyes magos Wise Men
rico rich; **ricachón** *coll* very rich
el **rincón** corner
la **riqueza** wealth
rociar to sprinkle
rojo red
romanos *adj and n* Romans
la **ropa** clothing
rozarse to touch
rubio golden
el **ruido** noise
la **ruta** route

S

saber to know, to taste
el **sabor** taste
sacar to take; **sacar provecho** to
  take advantage
el **sacerdote** priest
sacrificar to sacrifice
el **salario** salary
la **salida** departure, exit
salir to leave, to go out
salvadora savior
salvaje savage, wild
saltar to jump
la **sangría** wine with fruit
el **santo** saint
seca dry
secundario secondary
seguidores followers
seguir to follow, to pursue
según according to
la **semana** week; **Semana Santa**
  Holy Week
sencillo simple, easy
la **sensibilidad** sensibility
sensible sensitive
sentarse to sit (oneself) down

el sentido sense
el sentimiento feeling
sentir to feel
señalar to point
el señor sir, man
la señorita miss, young lady
separar to separate
ser to be; el ser *n* being
la seriedad seriousness
la servidumbre servitude
servir to serve
severa severe
sí indeed, yes
la sierra mountain
la siesta nap
la siestecita little nap
siguiente the following
sin without
sincero sincere
sin embargo nevertheless
sino but
sobre about, on
sobrepasar to exceed, go beyond
sobrevivir to survive
sola alone
la solemnidad solemnity
soler to be accustomed
la solicitud solicitude, anxiety
sólida solid
la solidaridad solidarity
solitario deserted
solo *adj* alone, single
sólo *adv* only
el sombrero hat
someterse to subject oneself, to
  submit oneself
la sonrisa smile
sorprender to surprise
la sorpresa surprise
súbditos subjects
la subsistencia subsistance
sudamericano South American
el sueldo salary
el suelo ground, floor
el sueño dream
la suerte luck
el suéter sweater
el sufrimiento suffering
sugerir to suggest
la sumisión submission

la sugerencia suggestion
surgir to sprout, to appear

T

el tabaco tobacco
la tabla board
tachar to charge with, fault
tal, tales such
también also
tampoco neither
tan so, so much
tanto as much; tanto ... como
  as much ... as
tardar to last, to delay
la tarde afternoon
la tarea task
la tarjeta card
temblorosa shaky, trembling
el temor fear
temprano early
la tenacidad tenacity
tener to have; tener en cuenta
  to take into account
el término term
la ternura tenderness
el terruño a piece of land,
  one's native soil
el testigo witness
el tiempo time, weather
la tienda store, shop
la tierra land
típico typical
el tipo type, kind
tirarse to throw
titánico huge, colossal
el titubeo wavering
tocar to touch, to arrive in passing
todo all
todavía yet, still
tomarse to take, to drink
tonto stupid, foolish
torear to fight in the bull ring
el torero bullfighter
el toro bull
trabajar to work
la tradición tradition
traer to bring
la tragedia tragedy

el **trámite** path, step (in a business)
transmitir to transmit
transportar to transport
tras after
trasladar to move
tratar to try
el **tren** . train
la **tribu** tribe
triste sad
tropezar to stumble in walking
turista tourist

U

último last
únicamente only
unir to unite; **unirse** to join

V

la **vaca** cow
la **valentía** courage, gallantry,
  bravery
valer to be worth
valioso very valuable
el **valor** value, courage
valorizar to appraise, to value
la **valla** barricade
la **vaquilla** a young cow

varias various, several
las **veces** times
la **velocidad** velocity, speed
venir to come
la **ventaja** advantage
ventanillas little windows
la **verdad** true, truth
verdadera true, real
vestir to dress; **vestirse** to dress
  oneself
viajar to travel, to fly
el **viaje** trip
la **vida** life
la **virgen** virgin
viejos old
la **villa** town
el **vino** wine
la **virilidad** virility, manliness
la **virtud** virtue
la **víspera** last evening before a
  festival
la **vista** sight
vívidamente vividly
la **vivienda** apartment, living quarters
vivir to live
vivo alive
las **voces** voices
la **voluntad** will
volver to return
la **vorágine** whirlpool, vortex